四部要籍選刊 · 經部　蔣鵬翔 主編

阮刻春秋穀梁傳注疏 一

〔清〕阮元 校刻

浙江大學出版社

傳古樓據上海圖書館藏清嘉慶刻本影印原書框高一六九毫米寬一二三毫米

出版説明

《監本附音春秋穀梁注疏》二十卷，晉范甯集解，唐楊士勛疏，清阮元校刻，據上海圖書館藏清嘉慶二十年刻本影印。

《春秋》三傳之中，《穀梁》聲勢較弱，關於其性質、作者、時代、得失等問題的聚訟則較複雜。其作者，楊《疏》云：『穀梁子名俶，字元始，魯人。一名赤，受經于子夏，爲經作傳，故曰《穀梁傳》。』其授受源流，楊《疏》云：『（穀梁子）傳孫卿，孫卿傳魯人申公，申公傳博士江翁。其後魯人榮廣大善《穀梁》，又傳蔡千秋。漢宣帝好《穀梁》，擢千秋爲郎，由是《穀梁》之傳大行於世』。這是從《漢書・儒林傳》中歸納出來的。但沈鳳笙先生在《從漢初今文經的形成説到兩漢今文〈禮〉的傳授》中指出：『申公傳《春秋》和江公受學於申公事，均不見於《史記》，很難考實』，『所稱子夏三傳至申公顯屬謬誤』。因爲子夏、穀梁赤和荀卿的在世時間差得太遠，絶無直接授受的可能。穀梁赤爲經作傳之説，也因爲傳中引尸子、孟子語而不足信據。這些矛盾之處，連恪守《穀梁》的清儒鍾文烝也無法彌縫，只好含糊地説：『蓋穀梁受業於子夏之門人，因遂誤以爲子夏門人。《史記・孟子列傳》云孟軻受業於子思之門人，王劭誤以「人」爲衍字，應氏之誤正相類矣。大氏穀梁子之於子夏、孟子之於子思，事同而時亦相近也。』

《春秋》以義脩辭，不以記事爲重。徐邈云：『若夫可以寄微旨而通王道者，存乎精義窮理，不在記事少多。』經學成立以來，《春秋》便被認爲包含着至當之道，既然至當，理應唯一，三傳卻『臧否不同，褒貶殊致』，則其中必有是非對錯之別，即范甯序所説的『九流分而微言隱，異端作而大義乖。』特別是『純論經義』的公羊、穀梁二家，不得不通過長期的辯論爭執，以求建立並維持自身政治上的優勢地位。漢武帝時，代表《公羊》學的董仲舒與代表《穀梁》學的瑕丘江公奉上命議經，董仲舒『通五經，能持論，善屬文』，江公卻『吶於口』，自然敗下陣來，同時丞相公孫弘也治《公羊》學，支持董仲舒，於是皇帝尊信《公羊》家，並命太子受《公羊春秋》，故《公羊》學大興而《穀梁》學浸微。但太子在學習《公羊》之餘，私下對《穀梁》也頗感興趣，江公又得榮廣、皓星公二人爲弟子，榮廣『高材捷敏』，數次與《公羊》大師眭孟等人辯論都佔得上風，足見《公羊》家並未取得絶對的勝利。漢宣帝時，榮廣、皓星公的弟子蔡千秋因爲『上善《穀梁》説』而被擢爲諫大夫給事中，復爲郎中户將，此後又經歷了尹更始、江公之孫、劉向、周慶、丁姓等人一系列的傳學。從元康中開始講論《穀梁》之學到甘露元年，十餘年間，培養了一批明習《穀梁》的學者。『乃召五經名儒太子太傅蕭望之等大議殿中，平《公羊》《穀梁》同異，各以經處是非』，兩派再次展開對決。參與討論的《公羊》家包括《公羊》博士嚴彭祖、侍郎申輓、伊推、宋顯、許廣，《穀梁》家包括《穀梁》議郎尹更始、待詔劉向、周慶、丁姓、中郎王亥，雙方『議三十餘事，望之等十一人各以經誼對，多從《穀梁》，由是《穀梁》大盛，慶、姓皆爲博士。』由此打破了傳統的一經一師法的局面，開創了一經幾個家法並立的設置（《春秋》在《公羊》外增立《穀梁》博士），周慶、丁姓被立爲《穀梁》博士，代表着《穀梁》今文學的正式完成。（據沈鳳笙先生説）《公羊》《穀梁》二家的興衰，是多方面條件綜合作用的結果，明面上固然應該是解經較爲正確深刻的一派獲得勝利，但事實上卻更多地受到經師口才學識、皇帝興趣立場等個人因素的影響，所以纔會出現論辯結果因時變化的局面。漢甘露三年增設《穀梁》博士的行爲，尤其具有濃厚的政治色彩，絶不僅僅是單純的學術問題（詳見束景南、余全介《西漢〈穀梁傳〉增立博士的政治背景》）。

當然，在争奪經學正統的過程中，政治影響只可意會，不能言傳，只有基於學術觀點的論據可以公開提出。歷代治《穀梁》學者各陳所見，要以清鍾文烝《春秋穀梁經傳補注·論傳篇》纂輯爲備，據之撮述，約有數端：一、桓譚《新論》云：『《左氏傳》遭戰國寖廢，後百餘年，魯人穀梁赤爲《春秋》，殘略，多有遺失，又有齊人公羊高緣經文作傳，彌離其本事矣。』鄭玄《釋廢疾》云：『穀梁近孔子，公羊正當六國之亡。』故知《穀梁》學之建立早於《公羊》。二、《漢書·儒林傳》云：『宣帝即位，聞衛太子好《穀梁春秋》，以問丞相韋賢、長信少府夏侯勝及侍中樂陵侯史高，皆魯人也，言穀梁子本魯學，公羊氏迺齊學也，宜興《穀梁》。』故知《穀梁》爲《春秋》學之正宗。《論傳篇》云：『（孔門後學）皆以此經爲授受之業，但其義則徒有口説而無書，其有書亦但如穀梁子所引傳曰之類，實非專書，蓋至穀梁始有專書矣。公羊作傳，則當六國之亡，直至漢景帝時乃著竹帛，其初皆是口説相授，故其經字與《左氏》《穀梁》異者，大率音同聲近之字。而傳文亦多齊言，或以語急而易他字。』故知《穀梁傳》之成書亦先於《公羊》。三、鄭玄《六藝論》云：『《左氏》善於禮，《公羊》善於讖，《穀梁》善於經。』作爲漢代經學的集大成者，鄭玄的評價無疑具有相當的權威性。後世儒生讚揚此傳佳處，『啖助謂《穀梁》意深，陸淳、孫覺、胡安國等謂《穀梁》最精密，葉夢得謂《穀梁》所得多，而李光地善承朱子之學，其論《春秋》家曰《穀梁》尤好』，都是在『善於經』上的進一步發揮（詳見許超傑《〈穀梁〉最善於經：鍾文烝〈春秋穀梁經傳補注〉約論》），故知《穀梁傳》之經學勝於《公羊》。上述各事都基於一個重要前提，即《穀梁傳》成書早於《公羊傳》，但這一前提是不成立的。陳澧《東塾讀書記》卷十已意識到『《公羊》《穀梁》二傳同者，蓋《穀梁》以《公羊》之説爲是，而録取之也。《穀梁》在《公羊》之後，研究《公羊》之説，或取之，或不取，或駁之，或與己説兼存之，其傳較《公羊》爲平正者，以此也。』沈鳳笙先生通過比勘《公》《穀》《史》《漢》文本，進一步證明：『《穀梁傳》晚出，……是江公採用當時經師口頭相傳的一些經義，並參照《公羊傳》而編寫的一部仿作。它既在（漢）景、武間用漢隸寫定，也是一開始就是今文經傳。……（二家）依經作傳，經文都被引述於傳文之中，亦即出於傳者口述。《公羊》《穀梁》二傳寫成書本，經文的絕大部分亦隨之隸定了。二傳字有不同，故經文字亦有不同。』考據詳密，足稱定讞。至於清末以來視《穀梁傳》爲古文經學的異説，則顯然是緣於對經學今古文之分的誤解，就不必再辯了。

《穀梁》學雖有自身的特點，但即使是在增設《穀梁》博士的漢宣帝時代，《穀梁》學也只是更多地被用作對抗《公羊》學的政治工具，並没有真正得到統治者的尊崇，『《春秋》學領域依然是《公羊春秋》一統天下，皇帝的詔書和大臣的上奏裏面採用較多的仍然是《公羊春秋》的學説。』（東景南語）《春秋穀梁經傳補注序》所云『漢世三傳並行，大約宣、元以前則《公羊》盛，明、章以後則《左氏》興，而《穀梁》之學頗微。江左中興，妄謂《穀梁》膚淺，不足立學，相沿至唐初，謂之小書，而《穀梁》之學益微。苟非有范甯、徐邈闡明於前，楊士勛輩纘述於後，則《穀梁傳》之在今日，幾何不爲十六篇《書》、三家《詩》之無徵不信哉』，既飽含着鍾文烝的悲憤，也是《穀梁傳》流傳的實情。范甯，字武子，順陽縣人，爲豫章太守。他是東晉時期少有的扶持名教、力斥玄學的經學家，曾作《罪王何論》痛詆王弼、何晏以玄學義理解説儒家經典的做法。《春秋穀梁傳集解》是其最重要的經學著作，也是完整保存至今的最早的《穀梁傳》注本。他以父親范汪的學説爲基礎，博采諸家，并下己意，又取其長子泰、中子雍、小子凱、從弟邵之説，故題爲《集解》。與固守家法的漢代經師相比，范甯治經的態度較爲開明，並不一味褒揚《穀梁》而貶斥《左》《公》二傳，其《集解序》云：『《左氏》豔而富，其失也巫；《穀梁》清而婉，其失也短；《公羊》辯而裁，其失也俗』，所以對三傳都應該『棄其所滯，擇善而從』『並舍以求宗，據理以通經』，已漸開後世通貫三傳的學風。楊士勛生平不可考，但孔穎達《左傳正義序》列舉的『共對參定』的名單中有楊士勛之名，故可能是唐初人。楊《疏》一方面繼承范氏《集解》的客觀態度，同樣酌情引用了《左》《公》二傳的相關材料，另一方面保存了大量

《穀梁》舊注舊説，其中多有今日已散佚者。雖然傳世的經學文獻汗牛充棟，但《穀梁》學著述所佔比重極小，由范氏《集解》和楊氏《疏》組成的《穀梁傳注疏》尤其具有重要的學術價值。

《穀梁傳》在經學史上的地位不彰，其注疏傳世版本的情況也相對簡單。阮元校刻的『重刊宋本穀梁注疏』依據的底本仍然是元刻十行本，但與阮刻中其他大多數經書不同的是，真正的宋刻十行本《監本附音春秋穀梁注疏》尚收藏於中國國家圖書館。我們知道，正經注疏的元刻十行本是在南宋建陽坊刻十行本的基礎上翻刻而成，其内容、行款都有相當程度的延續性，可惜宋刻十行本大多亡佚（今日可見者只有《毛詩》《左傳》《穀梁》三種），所以一般難以確知元刻十行本相較宋刻十行本究竟發生了多大的變化，《穀梁》一經則可通過比勘存世的宋刻、元刻十行本爲我們提供關於此問題的較可信的答案。『首先在形式上，宋刻注疏本版心細黑口，下無刻工，版心上偶鐫本版字數。元刻注疏本版心則爲白口，版心上大多鐫有本版字數，版心下鐫有刻工姓名。其次，宋刻注疏本在疏文出文後空一格，下接「釋曰」，元刻注疏本則在空格處加一小圓圈標識，下接「釋曰」。宋刻注疏本中的繁體字，元刻注疏本有改作簡體字者。……這是翻刻過程中寫工、刻工趨簡所致。另外，在翻刻過程中，也出現了少量文字上的差異。』（張麗娟《〈穀梁〉單疏本與注疏合刻本考》）而通過比勘以元刻十行本爲底本的阮刻本和宋刻十行本，可知：（一）阮本訛誤多可追溯至宋刻十行本；（二）有宋刻十行本明顯訛誤而阮本不誤者；（三）有阮本誤而宋刻十行本不誤者；（四）通過宋刻十行本可探尋通行本訛誤之跡。第四點尤其值得關注，張麗娟老師曾舉一典型例證：襄公三十年疏，阮本『姬能守災死之貞』，《校勘記》云：『閩、監、毛本同，何校本「災死」作「夫在」。』按單疏本此處正作『夫在』，而宋刻十行本此處作『尖在』，蓋因形近而誤『夫』爲『尖』，後世各本以『尖在』不成文句，又臆改爲『災死』，文意雖通，離原文卻相去愈遠。

所謂元刻十行本又是一個偏廣義的概念。根據張麗娟《元十行本〈監本附音春秋穀梁注疏〉印本考》的研究，元刻十行本的刷印時間可進一步分爲三個時期：一、早期印本，半葉十行，行十七字，小字雙行，行二十三字，白口，左右雙邊，雙順魚尾，有書耳。版心上刻大小字數，下刻葉數、刊工姓名，大字『疏』字以圈圍標識，以日本京都大學人文科學研究所藏本爲代表；二、中期印本，新增少量明正德年間補版，以北京大學圖書館藏本爲代表；三、晚期印本，以大量新刻補版替換舊版，並對仍保留的舊版進行了系統的修補改訂。新補版片均爲白口，四周單邊，雙對魚尾，大字『疏』字白文陰刻，字體趨於方正，與元刻及正德補刻的字體均有明顯區別，其補刻、刷印時間應在明嘉靖年間，以北京市文物局藏本爲代表。早期、中期印本的版心字數、刻工姓名都很完整，但晚期印本往往對原版葉中的版心字數、刻工姓名加以剜除，且較隨意，無一定之規。在文本方面，晚期印本校改了早、中期印本的一些疑誤之處，同時也有妄改的地方，前者如卷十三第二葉疏文，早、中期印本作『言作者不心有新』，晚期印本改爲『不必』，後者如卷十五第十二葉疏文，早、中期印本作『是其文玄相通也』，晚期印本改『玄』爲『亦』，實則單疏本作『互』，這些地方阮本均與晚期印本一致，可知是依據晚期印本翻刻的。

阮本有嘉慶初刻和道光重校之别，已爲業界熟知，但即使是嘉慶本内部也依然存在初刻、後印的問題。張麗娟《明李元陽本〈春秋穀梁注疏〉淺探》指出，卷十三成公元年疏文『三月作丘甲』『公羊説作丘甲』，宋、元十行本、嘉慶阮刻初印本均誤作『兵甲』，而嘉慶阮刻後印本改爲『丘甲』，成公二年經文『丙申公及楚人秦人宋人陳人衛人鄭人』，宋、元十行本、嘉慶阮刻初印本均脱『衛』下『人』字，而嘉慶阮刻後印本補『人』字。阮刻後印本所做的校改，往往可以在更早的宋余仁仲刻《春秋穀梁傳》、舊鈔《穀梁疏》單疏本或較晚的明嘉靖李元陽本以下諸本中找到佐證，故難確指是依據何本校改（阮元校刻此經時，雖然不能親見余仁仲本及舊鈔單疏原書，賴有何煌的傳校本參考，所以仍能解決許多元刻十行本中存疑的問題。關於何煌傳校余仁仲本及單疏本之事，詳見張麗娟老師的相關論文），能夠確定的是阮刻後印本的文本質量較初印本有所進步，從閲讀角度來説，是更佳的選擇。

《穀梁傳注疏》的清嘉慶阮刻初印本，過去被收録在臺灣藝文印書館、大陸中華書局等出版社刊行的阮刻《十三經注疏》中，坊肆常見，而其後印本則尚未聞有影印者，今取上海圖書館藏後印本付梓，依舊採用單面半葉的形制，頗便點讀，或許能爲《穀梁傳》這種經書中的『弱勢群體』的文獻流傳事業做一點微小的貢獻，也希望能繼續得到讀者們的支持。

二〇二〇年七月二十二日　蔣鵬翔撰於湖南大學嶽麓書院

全書目録

第一册

卷第四

卷第五

卷第六

第二册

卷第七

卷第八

卷第九

卷第十

卷第十一

卷第十二

卷第十三

第三册

卷第十四

卷第十五

卷第十六

卷第十七

本册目録

卷第四

卷第五

卷第六

重栞宋本穀梁注疏附挍勘記

嘉慶二十年江西南昌府學開雕

太子少保江西巡撫兼提督揚州阮元審定 武寧縣貢生盧宣旬校

欽定四庫全書總目春秋穀梁傳注疏二十卷

晉范甯集解唐楊士勛疏

穀梁子名俶字元始一名赤受經於子夏爲

經作傳則當爲穀梁子所自作徐彦公羊傳

疏又稱公羊高五世相授至胡毋生乃著竹

帛題其親師故曰公羊傳穀梁亦是著竹帛

者題其親師故曰穀梁傳則當爲傳其學者

所作案公羊傳定公即位一條引子沈子曰

何休解詁以爲後師案此注在隱公十一年所引子沈子條下此

傳定公即位一條亦稱沈子曰公羊穀梁既

同師子夏不應及見後師又初獻六羽一條稱穀梁子曰傳既穀梁自作不應自引己說且此條又引尸子曰尸佼爲商鞅之師鞅既誅佼逃於蜀其人亦在穀梁後不應預爲引據疑徐彦之言爲得其實但誰著於竹帛則不可考耳漢書藝文志載公羊穀梁二家經十一卷傳亦各十一卷則經傳初亦別編范甯集解乃併經注之疑卽甯之所合定公元年春王三月一條發傳於春王二字之下以三月別屬下文頗疑其割裂然考劉向說苑

稱文王似元年武王似春王周公似正月向受穀梁春秋知穀梁經文以春王二字別爲一節故向有此讀至公觀魚于棠一條葬桓王一條杞伯來逆叔姬之喪以歸一條曹伯廬卒于師一條天王殺其弟佞夫一條皆冠以傳曰字惟桓王一條與左傳合餘皆不知所引何傳疑甯以傳附經之時每條皆冠以傳曰字如鄭元王弼之易有象曰象曰之例後傳寫者刪之此五條其削除未盡者也甯注本十二卷以兼載門生故吏子弟之說各

列其名故曰集解晉書本傳稱甯此書爲世所重既而徐邈復爲之注世亦稱之今考書中乃多引邈注未詳其故又自序有商略名例之句疏稱甯别有略例百餘條此本不載然注中時有傳例曰字或士勛割裂其文散入注疏中歟士勛始末不可考孔穎達左傳正義序稱與故四門博士楊士勛參定則亦貞觀中人其書不及穎達書之賅洽然諸儒言左傳者多言公穀者少既乏憑藉之資又左傳成於衆手此書出於此人復鮮佐助之

力詳略殊觀固其宜也其疏長狄眉見於軾一條連綴於身横九畝句下與注相離蓋邢昺刊正之時又多失其原第亦不盡士勛之舊矣

監本附音春秋穀梁傳注疏序

國子四門助教楊士勛撰

國子博士兼太子中允贈齊州刺史吳縣開國男陸德明釋文

春秋穀梁傳序〔疏〕釋曰此題諸本文多不同晉宋古文多云春秋穀梁傳序俗本亦有直云穀梁傳序者然春秋是此書之大名傳之解經隨事則釋亦既經傳共文題名不可單舉又此序末云名曰春秋穀梁傳集解故今依上題焉此序大畧凡有三段第一段自周道衰陵盡莫善於春秋釋仲尼修春秋所由及始隱終麟之意夫聖哲在上動必合宜而直臣良史克施有政故能使善人勸焉淫人懼焉洎乎周德既衰彝倫失序居上者無所懲艾處下者信意愛憎致令九有之存唯祭與號八表之俗或狄或戎故仲尼就大師而正雅頌因魯史而修春秋其始隱終麟范自具焉第二自春秋之傳有三盡君子之於春秋沒身而已釋三傳所起及是非得失仲尼卒而微言絕秦正起而書記亡其春秋之書異端競起遂有鄒氏夾氏左氏公羊穀梁五家之傳鄒氏夾氏口說無文師既不傳道亦尋廢左

氏者左丘明與聖同恥恐諸弟子各安其意爲經作傳故曰左氏傳其傳之者有張蒼賈誼張禹翟方進賈逵服虔之徒漢武帝置五經博士左氏不得立於學官至平帝時王莽輔政方始得立公羊子名高齊人受經於子夏故孝經說云春秋屬商是也爲經作傳故曰公羊傳其傳之者有胡毋子都董仲舒嚴彭祖之類其道盛於漢武帝穀梁子名淑字元始魯人一名赤受經于子夏爲經作傳故曰穀梁傳孫卿孫卿傳魯人申公申公傳博士江翁其後魯人榮廣大善穀梁又傳蔡千秋漢宣帝好穀梁擢千秋爲郎由是穀梁之傳大行於世然則三家之傳是非無取自漢以來廢興由於好惡而已故鄭玄六藝論云左氏善於禮公羊善於讖穀梁善於經是先儒同遵之義也言左氏善於禮者謂朝聘會盟祭祀田獵之屬不違周典是也公羊善於讖者謂黜周王魯及龍門之戰等是也穀梁善於經者謂大夫曰卒諱莫如深之類是也其三傳是非序文自具第三自升平之末盡穀梁傳集解釋已注述之意并序集解之人案晉書范甯字武子順陽縣人爲豫章太守父名汪長子名泰字伯倫中子名雍字仲倫小子名凱字季倫其從弟則注云邵曰是也言先君則父注是也以傳穀梁者雖多妄引三傳辭理典據不足可觀故與門徒商畧名例傳示同異也所云名例者即范氏所據別爲

略例一百餘條是也其春秋及經傳之名在後別釋謂之序者序述經傳之旨并明已注作之意也

昔周道衰陵乾綱絕紐○乾其連反天也紐女久反禮壞樂崩彝倫攸斁○彝倫以之反彝常倫理也攸斁丁故反字書作殬敗也弒逆篡盜者國有○弒申志反又作殺音同篡初患反爾雅云取也淫縱破義者比肩○淫縱子用反

【疏】昔周至比肩○釋曰仲尼之脩春秋因衰亂而作故序先述周道衰也云昔者范氏晉世之人仰追周代故曰昔云周道衰陵者揔述幽厲以來也指衰極言之則平桓之世也知者幽厲雖則失道名器未失詩猶入雅平王東遷之後下同於國風政教所被纔及郊畿仲尼修春秋以平王爲始知衰極是平桓也衰陵謂衰弱陵遲云乾綱者乾爲陽喻天子坤爲陰喻諸侯天子總統萬物若綱之紀衆紐故曰乾綱云絕紐者紐是連繫之辭故昭十三年左傳云再拜皆厭紐玉藻云紐約用組諸侯背叛四海分崩若紐之絕故曰絕紐云禮壞樂崩者通言之耳知非樂是陽故以崩言之禮是陰故以壞言之者正以詩序云微子至於戴公其間禮樂廢壞明知通矣云彝倫攸斁者尚書洪範文也

禮以安上治民樂以移風易俗禮樂崩壞故常道所以敗也弒謂臣弒君逆謂子弒父簒謂以庶奪正盜即哀四年傳云春秋有三盜是也**是以妖災因釁而作**○釁許靳反**民俗染化而遷陰陽爲之愆度**○爲之于僞反下同**七耀爲之盈縮**○縮所六反又作蹜**川岳爲之崩竭鬼神爲之疵厲**○疵才斯反厲音例

【疏】是以至疵厲○釋曰宣十五年左傳云天反時爲災地反物爲妖人反德爲亂亂則妖災生是妖災因釁而起也云陰陽愆度者謂冬溫夏寒失其節度云七耀盈縮者謂日月薄食若晦食則是月行疾食朔與二日是月行遲又五行傳云晦而月見西方謂之朓朔而月見東方謂之側匿朓則侯王其恭○側匿則侯王其肅是由君行使之然也五星亦有遲疾故襄二十八年左傳云歲在星紀而淫於玄枵是也謂之七曜者日月五星皆照天下故謂之七曜五星者即東方歲星南方熒惑西方太白北方辰星中央鎮星是也云川岳崩竭者謂周語云幽王之時三川震伯陽父曰昔伊洛竭而夏亡河竭而商亡岳是山之類即梁山沙鹿崩是也云鬼神疵厲者舊解以爲鬼神即宗廟是也疵厲謂災

變也言人棄常制致宗廟之災即桓宮新宮災是也今以爲鬼神爲之疵厲即國語云杜伯射宣王於鎬左傳云伯有之鬼爲厲是也

故父子之恩缺則小弁之刺作○缺丘悅反弁步寒反刺七賜反此所引皆詩篇名谷風在邶風餘皆小雅君臣之禮廢則桑扈之諷興○扈音戶諷方鳳反又作風夫婦之道絕則谷風之篇奏骨肉之親離則角弓之怨彰君子之路塞則白駒之詩賦

【疏】故父至詩賦○釋曰今范引此者即周道之衰微廢此五事爲此仲尼作春秋也故孔叢云孔子讀詩至小雅廢卷而歎感詩脩春秋是也云小弁之刺作者小弁詩小雅周幽王廢太子宜臼故大子之傅作詩以刺之云桑扈之諷興者桑扈亦詩小雅刺幽王君臣上下動無禮文焉故作是詩以諷之云谷風之篇奏者谷風衞人刺其君無德故令國內之人得其新婚者並棄其舊室風俗衰壞故作是詩以刺之言奏者謂奏進此詩與上文作興不異但述作之體欲辟文耳云角弓之怨彰者角弓詩小雅以幽王不親九族故作詩以刺之言族人

怨之彰顯故云角弓之怨彰云白駒之詩賦者白駒詩小雅宣王之末不能任賢致使賢人乘白駒而去也此引詩之次先云小弁後言白駒者以父子是人倫之端首六親之莫大故先言之其次則有君臣若君臣禮廢則上下無序故次桑扈夫婦者生民之本室家之原欲見從近及遠故夫婦先九族是以谷風在角弓之上白駒是賢人棄君又非親戚故最後言之或當隨便而言更無次第之例知者白駒是宣王之詩而言在幽王之詩下是無先後之次也 天垂象見吉凶○見賢遍反 聖作訓紀成敗欲人君戒慎厥行○行下孟反 增脩德政【疏】天垂至德政○釋曰易稱在天成象在地成形成象則日月之曜成形則山川之形見吉凶者即上七曜爲之盈縮川岳爲之崩竭是也獨言天象者舊解云尊作法之本明聖人與天地合其德與日月齊其明以爲川嶽崩竭亦是天使爲之故揔言垂象以包之云聖作訓紀成敗者謂若春秋書日食星隕山崩地震記災錄異善惡褒貶等皆所以示禍福成敗之原存亡得失之本欲使人君戒慎其所行改脩德政以消災咎也 蓋誨爾諄諄聽我藐藐○藐亡角反 履霜堅

冰所由者漸【疏】蓋誨至者漸○釋曰言此者明聖人嘆作法愚上不能用也言我教誨汝王諄諄然何故聽我言藐藐然而不入此詩大雅抑篇刺厲王之詩也云履霜堅冰者易坤卦初六爻辭象曰履霜堅冰陰始凝也馴至其道至堅冰也引之者取積漸之義也四夷交侵華戎同貫幽王以暴虐見禍平王以微弱東遷征伐不由天子之命號令出自權臣之門故兩觀表而臣禮亡○觀古亂反朱干設而君權喪○喪息浪反下道喪同下陵上替僭逼理極○替他計反僭子念反天下蕩蕩王道盡矣【疏】四夷至盡矣○釋曰云四夷者東夷西戎南蠻北狄之總號也云交侵者謂交相侵伐也云華戎同貫者謂諸夏與夷狄無異也舊解四夷交侵華戎同貫指謂當春秋之時今以為文勢在幽王之上則當亦兼據幽厲以來故節詩刺幽王云斬伐四國又曰國既卒斬及宣王幽王並為夷狄所敗則此段序意論衰之積漸不直據春秋

之時明矣云幽王見禍平王東遷者周本紀幽王既得褒姒廢申后而黜大子宜臼申侯與鄫人及犬戎殺幽王於驪山之下盡取周賂而還乃與諸侯就申立太子宜臼是爲平王東遷洛邑是也云兩觀已下者昭三十五年公羊傳云子家駒謂昭公曰諸侯之僭天子大夫之僭諸侯久矣公曰吾何僭哉子家駒曰設兩觀乘大路朱干玉戚以舞大夏八佾以舞大武然則諸侯不立兩觀周衰諸侯僭而置之是臣無有事君之禮也天子之舞始設朱干諸侯今亦用之是君之權喪失也云僭逼理極者謂僭上逼下之理至極也據君失權言之是逼下以臣陵君是僭上或以爲直據臣言之理亦通也云王道盡矣者言法度廢壞盡也

孔子覩滄海之横流迺喟然而歎曰○喟起愧反又苦怪反 文王既沒文不在兹乎言文王之道喪興之者在已於是就大師而正雅頌○大師音泰 因魯史而脩春秋列黍離於國風齊王德於邦君所以明其不能復雅○復扶又反 政

化不足以被羣后也。○被，皮義反。【疏】孔子至后也。○釋曰：舊解引楊雄《劇秦篇》曰：當秦之世，海水羣飛。海水喻萬民，羣飛言散亂。又引孟子云：當堯之世，洪水橫流。言不復故道，喻百姓散亂似水之橫流。今以爲滄海是水之大者，滄海橫流，喻害萬物之大，猶言在上殘虐之深也。云就大師而正雅頌者，大師，樂官也。詩者，樂章也。以大師掌詩樂，故仲尼自衛反魯就而正之。直言雅頌者，舉雅頌則風詩理在可知。又雅頌之功大，故仲尼先用意焉。知非爲師摯理之，故仲尼不正者，師摯直閑《關雎》之音而已，詩之顛倒，仍是仲尼改正。故此序云仲尼列《黍離》於國風。杜預注《左氏》云：後仲尼刪定，故不同，是也。然則作詩之體，風雅先定，《黍離》若是風體，大師不得列之於雅頌之中；若是雅頌之體，仲尼亦不得退之於風詩之中。而云列《黍離》於國風者，詩人詠歌，實先有風雅之體，《黍離》既是國風，誠不可列之於雅頌，但天子不風，諸侯不雅，仲尼刊正，還同國風，亦是仲尼列之。

於時則接乎隱公，故因茲以託始，該二儀之化育，贊人道之幽變，舉得失以彰黜陟，明成敗以著勸誡，拯

頹綱以繼三五。拯，拯救之。頹，徒回反。鼓芳風以扇遊塵

【疏】於時至遊塵○釋曰：平王四十九年，隱公之元年，故曰接乎隱公。亦與惠公相接，不託始於惠公者，以平王之初仍賴晉鄭，至於末年陵替尤甚，惠公非是微弱之初，故不託始於惠公。隱公與平王相接，故因茲以託始也。該者，備也。二儀謂天地。言仲尼脩春秋，濟羣物，同於天地之化育。云舉得失以彰黜陟者，謂若儀父能結信於魯，書字以明其陟；杞雖二王之後，而後代微弱，書子以明其黜。云明成敗以著勸誠者，成敗、黜陟事亦相類，謂若葵丘書日以表齊桓之功，戎伐凡伯言戎以明衛侯之惡，又定哀之時爲無賢伯，不屈夷狄，不申中國，皆是書其成敗以著勸善懲惡。云拯頹綱以繼三五者，於時王侯失位，上下無序，綱紀頹壞，故曰頹綱。今仲尼脩春秋，祖述堯舜，憲章文武。拯者，救溺之名，言欲拯此頹綱以繼三王五帝。先言三王者，欲見三王可以繼五帝，從小至大之意，或亦隨便而言。云鼓芳風以扇遊塵者，舊解以正樂爲芳風，淫樂爲遊塵。樂可以降天神，出地祇，故云芳風；淫樂鬼神不享，君子不聽，故曰遊塵。或以爲善之顯著者爲芳風，惡之煩碎者爲遊塵，理亦足通耳。但舊解云范氏別録如此，故兩存之。

一字之褒，寵踰華

袞之贈○袞古本反袞冕上公之服片言之貶辱過市朝之撻○貶彼檢反市朝直遙反撻吐達反德之所助雖賤必申義之所抑雖貴必屈故附勢匿非者無所逃其罪○匿女力反潛德獨運者無所隱其名信不易之宏軌百王之通典也【疏】一字至典也○釋曰言仲尼之脩春秋文致褒貶若蒙仲尼一字之褒得名傳竹帛則寵踰華袞之贈若定十四年石尚欲著名於春秋是也若被片言之貶則辱過市朝之撻若宣八年仲遂爲弑君不稱公子是也言華袞則上比王公稱市朝則下方士庶袞則王公之服而有文華或以對市朝言之華袞當爲二非也云德之所助雖賤必申者謂若吳是東夷可謂賤矣而襄二十九年因季札之賢而進稱爵是其申也云義之所抑雖貴必屈者謂若秦術是卿可謂貴矣而文十二年以其敵晉而略稱名是其屈也云故附勢匿非者無所逃其罪者舊解若公子翬假桓公之勢匿情於隱可謂非人臣也故隱四年十年皆貶之是不得逃其罪也云潛德獨

運者無所隱其名者謂若公弟叔肸不食逆主之祿潛德昧身不求寵榮之名獨遲其道宣十七年著名春秋是無所隱其名也或以爲匿非謂隱匿其非便於舊解

先王之道既弘麟感而來應

○麟本又作麟呂辛反瑞獸也應應對之應

因事備而終篇故絕筆於斯年成天下之事業定天下之邪正

○邪似嗟反

莫善於春秋

疏 先王至春秋○釋曰先王謂文武言仲尼脩春秋貴仁重德崇道抑邪弘大先王之道麟感化而至杜預解左氏以爲獲麟而作春秋今范氏以作春秋然後麟至者以麟是神靈之物非聖不臻故論語云鳳鳥不至河不出圖吾已矣夫禮器云升中於天而鳳皇降龜龍假公羊傳曰麟有王者則至援神契曰德至鳥獸則麒麟臻是非有明王則五靈不至也當孔子之世周室陵遲天下喪亂豈有神靈之物無故而自來明爲仲尼脩春秋麟應而至也然則仲尼並脩六藝何故不致諸瑞者先儒鄭衆賈逵之徒以爲仲尼脩春秋約之以周禮脩母致子故獨得麟也或可仲尼脩六藝不可五靈俱來偶然麟應餘不至也因事備者謂從隱至哀文武之道協嘉瑞來臻是事

備也終篇者謂絶筆於獲麟也春秋之傳有三而爲經之旨一臧否不同○臧子郎反否音鄙又方九反臧否猶善惡也褒貶殊致疏春秋至殊致○釋曰聖人作法本無二意故傳雖有三而經旨一也云臧否不同褒貶殊致者臧謂事有所善否謂理有所惡以臧否既異故褒貶亦殊謂若隱元年左氏貴儀父結盟公羊善其趣聖僖元年公羊善齊桓存邢故稱師穀梁以爲不足乎揚故貶之隱二年夫人子氏薨左氏以爲桓母公羊以爲隱母穀梁以爲隱妻是三傳異也蓋九流分而微言隱異端作而大義乖疏蓋九至義乖○釋曰漢書藝文志云孔子既没諸弟子各編成一家之言凡爲九一曰儒家流凡五十二家八百三十六篇入揚雄一家三十八篇蓋出於司徒之官助人君順陰陽明教化游心於六藝之中留意於仁義之際祖述堯舜憲章文武宗師仲尼以重其言於道最爲高也二曰道家流凡三十七家九百九十三篇其本蓋出於史官歷記成敗存亡禍福古今之道然後知秉要執本清虚以自守卑弱以自持此人君南面之術也合於堯之克讓易之謙謙一謙而四益此其所長也三曰陰陽家流凡三

十一家三百六十九篇蓋出於羲和之官敬順昊天歷象日月星辰敬授民時此其所長也及拘者爲之則牽於禁忌泥於小數舍人事而任鬼神也四曰法家流凡十家二百一十七篇蓋出於理官信賞必罰以輔禮制易曰先王以明罰飭法此其所長也及刻者爲之則無教化去仁愛專任刑法也五曰名家流凡七家三十六篇蓋出於禮官古者名位不同禮亦異數孔子曰必也正名乎名不正則言不順言不順則事不成此其所長也六曰墨家流凡六家八十六篇蓋出於清廟之官茅屋采椽是以貴儉養三老五更是以兼愛選士大射是以上賢宗祀嚴父是以右鬼順四時而行是以非命以孝視天下是以上同及蔽者爲之見儉之利因以非禮推兼愛之意而不知別親疏七曰縱橫家流凡十二家百七篇蓋出於行人之官孔子曰誦詩三百使於四方不能專對雖多亦奚以爲又曰使乎使乎言其當權事制宜受命不受辭此其所長也及邪人爲之則尚詐諼而棄其信八曰雜家流凡二十家四百三篇蓋出於議官兼儒墨合名法知國體之有此見王治之無不貫此其所長也九曰農家流凡九家百一十四篇蓋出於農稷之官播百穀勸農桑以足衣食故八政一曰食二曰貨孔子所重民食此其所長也及鄙者爲之以爲無所事聖王欲使君臣並耕悖上下之序也此九家

之術皆起於王道既微諸侯力政各引一端崇其所善以此馳說取合於諸侯云微言隱者仲尼沒而微言絕故云隱也云異端起而大義乖者謂同說儒家三傳各異俱述經旨而理味有殊也微言絕大義乖亦藝文志文李奇云隱微不顯之言也

左氏以鬻拳兵諫爲愛君○鬻音育拳音權文公納幣爲用禮穀梁以衛輒拒父爲尊祖不納子糾爲内惡○糾居黝反公羊以祭仲廢君爲行權○祭側界反妾母稱夫人爲合正以兵諫爲愛君是人主可得而脅也以納幣爲用禮是居喪可得而婚也以拒父爲尊祖是爲子可得而叛也以不納子糾爲内惡是仇讎可得而容也以廢君爲行權是神器可得而闚也○闚本又作窺去規

反以妾母爲夫人是嫡庶可得而齊也。嫡丁歷反本又作適亦同若此之類傷教害義不可強通者也。強其丈反〔疏〕左氏至者也。釋曰鬻拳兵諫在莊十九年文公納幣在文二年衛輒拒父在哀二年不納子糾在莊九年祭仲廢君在桓十一年妾母稱夫人在隱二年凡傳以通經爲主經以必當爲理。當丁浪反下同夫至當無二而三傳殊說庸得不棄其所滯擇善而從乎既不俱當則固容俱失若至言幽絕擇善靡從庸得不並舍以求宗據理以通經乎。舍音捨以雖我之所是理未全當安可以得當之難而自絕於希通哉。雖乃旦反〔疏〕凡傳至通哉。釋曰三傳殊異皆以通經爲主當者謂中於道也言聖人之經以必中爲理其理旣中計無差二而三傳殊說故范氏言不得不擇善而從之云三傳殊說者若隱二年子氏之說傳八年用致夫人之談是也擇善而從之季姬之遇鄫子注云左氏近合人情是也並舍以求宗據理以通經乎者謂若子糾衞輒范氏注別起異端季子潛刃注云傳或失之天子六師方伯一軍示以凝滯南季之聘傳言非正范所不取是也○

而漢興以來瓌望碩儒○瓌古回反各信所習是非紛錯○錯七洛反準裁靡定○裁在代反又音才下同故有父子異同之論石渠分爭之說○父子異同謂劉向好穀梁劉歆善左氏之論力困反石渠其居反閣名漢宣帝時使諸儒講論同異於石渠閣也分爭爭鬬之爭廢興由於好惡○好呼報反惡烏路反盛衰繼之辯訥○字書云訥或作呐乃骨反字詁云訥遲於言也包咸論語注云遲鈍也斯蓋非通方之至理誠君子之所歎息也

〔疏〕而漢至息也○釋曰舊解云瓌望者據容貌言之碩儒者大德之稱或當瓌望

猶美望也云各信所習是非紛錯者若賈逵劉歆之類服虔鄭衆之徒皆說左氏之美不論二傳之得也云父子異同之論者若劉向注意穀梁子歆專精左氏是其異也賈景伯父子及陳元父子皆習左氏不學二傳是其同也或解異同揔據劉向父子言之理亦通云石渠者漢之學名論事校文多在其內故張平子云天禄石渠校文之處分爭者若劉歆欲專立左氏而移書大常諸儒不從反爲排擯陳元上疏論二傳之短亦被譏嘲是也云廢興由於好惡者若景帝好公羊胡毋之學興仲舒之義立宣帝善穀梁而千秋之道起劉向之意存也云盛衰繼之辯訥者若武帝時公羊師董仲舒有才辯穀梁師江翁性訥公羊於是大興穀梁遂爾寖廢其後魯人榮廣善穀梁與公羊師睢孟辯論大義睢孟數至窮屈穀梁於是又興公羊還復寖息道有升降在乎其人不復論其得失故云可歎息也

左氏豔而富其失也巫。豔移驗反巫音無

穀梁清而婉其失也短。婉於阮反

公羊辯而裁其失也俗若能富而不巫清而不短裁而不俗則深於其道者也故君子

之於春秋沒身而已矣【疏】左氏至已矣○釋曰左上明身爲國史躬覽載籍屬辭比事有可依據楊子以爲品藻范氏以爲富豔豔者文辭可美之稱也云其失也巫者謂多敘鬼神之事預言禍福之期申生之託狐突荀偃死不受含伯有之厲彭生之妖是也云清而婉者辭清義通若論隱公之小惠虞公之中知是也云其失也短者謂元年大義而無傳益師不日之惡畧而不言是也云辯而裁者辯謂說事分明裁謂善能裁斷若斷元年五始益師三辭美惡不嫌同辭貴賤不嫌同號是也舊解以爲裁謂才辯恐非也云其失也俗者若單伯之淫叔姬鄫子之請魯女論叔術之妻嫂是非說季子之兄弟飲食是也云沒身而已矣者三傳雖說春秋各有長短明非積年所能精究故要以沒身爲限也

升平之末歲次大梁先君北蕃迴軫○蕃方元反又作藩頓駕于吳乃帥門生故吏我兄弟子姪○姪徒節反字林文一反杜預注左氏傳云兄子曰姪研講六籍次及三傳左氏則有服杜之注公羊則有何嚴之訓

釋穀梁傳者雖近十家○近附近之近皆膚淺末學不經師匠辭理典據既無可觀又引左氏公羊以解此傳文義違反斯害也已【疏】升平至也已○釋曰此范氏言已注述之意也升平者晉之年號歲謂大歲也大梁是十二次名也先君謂甯之父注也門生同門後生故吏謂昔日君臣江徐之屬是也兄弟子姪即邵凱雍泰之等是也六籍者謂易詩書禮樂與春秋也服杜者即服虔杜預也何嚴者即何休嚴彭祖也近十家者魏晉已來注穀梁者有尹更始唐固麋信孔演江熙程闡徐仙民徐乾劉瑶胡訥之等故曰近十家也范不云注二傳得失直言注穀梁膚淺末學者舊解以爲服杜何嚴皆深於義理不可復加故不論之以注穀梁者皆不經師匠故偏論之或當方便注穀梁故言其短也於是乃商略名例敷陳疑滯博示諸儒同異之說昊天不弔大山其頹○昊天胡老反詩云欲報之德昊天亡極本又作昊亡巾反匍匐墓次死

亡無日。匐音蒲又音扶匐蒲北反又音服日月逾邁。逾音榆跂及視息。跂丘弭反又丘豉反乃與二三學士及諸子弟各記所識并言其意業未及終嚴霜夏墜。墜直類反從弟彫落。從才用反二子泯没。泯忘忍反又作泯天實喪予。喪息浪反何痛如之今撰諸子之言各記其姓名名曰春秋穀梁傳集解。

疏 於是至集解。釋曰商畧名例者即范氏別爲畧例百餘條是也言旻天者以父卒故以殺方言之旻天不弔哀十六年左氏文也云大山其頹者禮記檀弓文也集解者撰集諸子之言以爲解故曰集解杜預云集解者謂集解經傳與此異也

監本附音春秋穀梁傳注疏序終

（印）夫盦盧氏同官校定

[illegible]清嘉慶二十年重刊

宋本[illegible]藏[illegible]校

新建縣知縣鄭祖琛

浮梁縣知縣劉丙

同栞

監本附音春秋穀梁注疏隱公卷第一　起元年盡[illegible]年

范甯集解　楊士勛疏

春秋穀梁傳隱公第一〈疏〉春秋至第一。○釋曰：春秋者，此書之大名，傳之解經隨條即釋，故冠大名於上也。名曰春秋者，以史官編年記事，年有四時之序，春先於夏，秋先於冬，故舉春秋二字以包之。賈逵云取法陰陽之中，知不然者，以孝經云春秋祭祀以時思之，豈是取法陰陽之中？故知非也。玉藻云動則左史書之，言則右史書之，左史所書春秋是也，右史所書尚書是也。則春秋立名，必是仲尼以往，三代以來，不審誰立之耳。仲尼所脩謂之經，經者常也，聖人大典，可常遵用，故謂之經。穀梁所脩謂之傳，傳不敢與聖人同稱，直取傳示於人而已，故謂之傳。魯世家隱公名息姑，惠公之子，周公八世孫，以平王四十九年即位。隱者謚也，周書謚法曰隱拂不成曰隱。魯雖侯爵，據臣子言之，故謂之公。說文第訓次，謂次第之中當其一，故謂之第一。

元年春王正月　隱公之始年，周王之正月也。杜預曰：凡人君即位，欲其體元以居正，故不言一年一月也。○正音征。又如字，後皆放此。〔疏〕注「隱公至月也」。○釋曰：何休注公羊取春秋緯黃帝受圖立五始，以爲元者氣之始，春者四時之始，王者受命之始，正月者政教之始，公即位者一國之始，五者同日並見，相須而成。又云惟王者然後改元立號，春秋託新王受命於魯，故因以録即位。公羊又引王者孰謂？謂文王也。故范云隱公之始年，周王之正月，以異之。不然，公者不嫌非隱，何煩此注？明知爲排公羊說也。所書之公即魯隱，所用之歷即周正，安在黜周王魯也？又所改正朔，雖是文王，須於諸侯非復文王之歷，用今王之歷，言文王之正，非也。又何休言諸侯不得改元，則元者王之元年，非公之元年，公之即位不在王之元年，安得同日並見，共成一體也？言旣不經，故范所不信。元年實是一年，正月實爲一月，而别爲立名，故范引杜預之言以解之。元者氣之本，善之長，人君當執大本，長庶物，欲其與元同體，故年稱元也。正者直方之間語，直其行，方其義，人君當秉直心，仗大義，欲其常居正道，故月稱正也。以其君之始年，歲之始月，故特立此名以示義，其餘皆即從其數，不復改也。

雖無事，必舉正月，謹始也。謹君即位之始。〔疏〕「雖無至始也」。○釋曰：此言無事，直據正月無即位之事，非是通一時無事也。云「謹始也」者，謹人君即位之始公何以不言即位據文公言即位【疏】注據文公言即位釋曰不據桓公者文公繼正即位正也桓繼故即位非正故不據之成公志也成隱讓桓之志焉成之言君之不取爲公也言隱意不取爲魯君也公君也上言君下言公互辭○爲於虔反君之不取爲公何也將以讓桓也讓桓正乎曰不正隱長桓幼○長丁丈反又作丈音同【疏】注隱長桓幼○釋曰傳云讓桓不正注何以知隱長桓幼不是隱嫡桓庶者若隱嫡桓庶先君焉得欲立之隱焉得探先君邪心而讓之傳言天倫則貴賤相似可知又云受之天子隱非嫡明矣春秋成人之美不成人之惡隱不正而成之何也將以惡桓也不明讓者之善則取者之惡不顯○之惡烏各反下注之惡同惡桓烏路反下其惡桓同【疏】春秋至桓也○釋曰此云春秋成人之美下云春秋貴義而不貴惠顯言春秋者讓者人之善事而傳稱小道危疑之理恐人不信故廣稱春秋之理以明之下既以隱爲善又惡其不

正亦恐人不信故言春秋貴義而不貴惠也○注不明至不顯○釋曰謂不言公之即位是明讓者之善讓者之善既明則取者之惡自然顯也

其惡桓何也隱將讓而桓弑之則桓惡矣桓弑而隱讓則隱善矣善則其不正焉何也據善無不正○弑申志反又作殺如字後皆同春秋貴義而不貴惠惠謂私惠信道而不信邪信申字古今所共用○信音申邪似嗟反下及注皆同孝子揚父之美不揚父之惡先君之欲與桓非正也邪也雖然既勝其邪心以與隱矣終歸之於隱是以正道制邪心已探先君之邪志而遂以與桓則是成父之惡也兄弟天倫也兄先弟後天之倫次○探吐南反爲子受之父爲諸侯受之君隱爲世子親受命於惠公爲魯君已

受之於天王矣已廢天倫而忘君父以行小惠曰小道也弟先於兄是廢天倫私以國讓是忘君父【疏】小道也○釋曰伯夷叔齊及大伯等讓國史傳所善今隱讓國而云小道者伯夷爲世子其父尚存兄弟交讓而歸周父沒之後國人立其中子可謂求仁而得仁故以爲善今隱公上奉天王之命下承其父之託百姓已歸四鄰所與苟探先君之邪心而陷父於不義開篡弒之原啓賊臣之路卒使公子翬乘釁而動自害其身故謂之小道至於大伯則越禮之高以興周室不可以常人難之若隱者可謂輕千乘之國蹈道則未也未履居正之道○乘繩證反公侯之國賦千乘蹈道上徒報反履行之名也下如字

○三月公及邾儀父盟于眛邾附庸之國眛魯地○邾音誅國名儀父凡人名字皆同音甫後放此更不重音眛音蔑地名左氏作蔑注下皆同及者何內爲志焉爾內謂魯也儀字也父猶傅也男子之美稱也傳師傅附庸之君未王命例稱名善其結信於魯故以字配之○美

稱尺證反**其不言邾子何也**據莊十六年邾子卒稱邾子**邾之上古微未爵命於周也**邾自此以上是附庸國○上時掌反**不日其盟渝也**日者所以謹信盟變故不日七年公伐邾是也○不日人實反不日謂不書日也穀梁皆以日月爲例他皆放此渝羊朱反變也

【疏】及者至渝也○釋曰此云及傳云內爲志焉爾二年公會戎于潛傳云會者外爲主焉則下六年公會齊侯盟于艾亦是外爲主公及戎盟于唐亦是內爲志外內之意别故傳辨彼我之情也案齊侯祿父則以父爲名此父爲傳者以春秋之例諸侯卒例名經云齊侯祿父卒無取字義故知父是名也今儀父既有所善故知父是男子之美稱也經善其結信貴而字之傳又云不日其盟渝也經傳相違者以附庸之君能結信於魯故以美稱稱之但結盟之後信義不固魯更伐邾故去日以惡之所謂善惡兩舉春秋之義也知非例不日者案二年秋八月庚辰公及戎盟于唐六年夏五月辛酉公會齊侯盟于艾彼皆書日故知非例不日今此不日故知爲渝盟略之也左氏惟大夫卒及日食以日月爲例自餘皆否此傳凡是書經皆有日月之例者以日月相承其事可悉史官記事必當具文豈

有大聖脩撰而或詳或略故知無日者仲尼略之見襃貶耳○注附庸至配之○釋曰案莊五年秋郳犂來來朝稱名故知此善其結信於魯故以字配之也不善彼朝而善此盟者朝事大國附庸常禮齊盟結信所以安社稷故貴之也**眛**

地名也○夏五月鄭伯克段于鄢段有徒衆攻之爲害必深故謹而月之鄢鄭地○鄢音偃地名〔疏〕注段有至鄭地○釋曰案下四年九月衛人殺祝吁于濮傳曰其月謹之也范云討賊例時也衛人不能即討祝吁致令出入自恣故謹其時月所在以著臣子之緩慢也此云爲害必深故謹而月之彼祝吁以二月弒君衛人以九月始討傳云其月謹之也明知謹臣子之緩慢此無歷時之事傳云段之有徒衆也故知爲害必深故謹而月爾莊九年齊人殺無知不書月者無知雖復歷年時月尚淺又無重害故直書時也宣十一年楚人殺陳夏徵舒書月者爲陳不能討而外藉楚力故禍害深也

克者何能也何能也能殺也何以不言殺見段之有徒衆也言鄭伯能殺則邦人不能殺矣知段衆力彊盛唯國君能殺之○見賢徧反〔疏〕注言鄭至殺之○釋曰國君之討必

藉衆力若使鄭伯獨行理不能殺而云唯國君能殺之者段藉母弟之權乘先君之寵得衆人之情遂行弑君之計百姓畏憚莫不斂手而鄭伯既爲人君有威怒之重自爲戎首設賞罰之柄故軍師用命戰士爭先淮論克段之本故云唯國君乃能殺之也

段鄭伯弟也何以知其爲弟也殺世子母弟目君以其目君知其爲弟也

母弟同母弟也目君謂稱鄭伯

【疏】段鄭至弟也○釋曰殺世子母弟皆目君傳何以知非世子者左氏公羊亦以段爲鄭伯之弟故此傳亦同之舊解以爲世子申生傳曰目晉侯斥殺惡晉侯也宋公殺世子傳無明解同例可知故范云痤之罪不子明矣然則書殺世子例目君稱世子其罪誅者即不書今段目君而不云世子是弟可知理亦通耳不及取二傳爲證後進易曉宜十七年公弟叔肸卒傳曰賢之也彼爲賢稱弟則不賢去弟乃是其常而下傳云弗謂弟貶之也者天王殺其弟佞夫彼佞夫無罪而稱弟今段不稱公子又不稱弟故云貶之又且相殺之例與尋常異故知去弟者貶之也

段弟也而弗謂弟公子也而弗謂公子貶之也段

失子弟之道矣賤段而甚鄭伯也賤段謂不稱公子公弟也鄭伯謂目君也何甚乎鄭伯甚鄭伯之處心積慮成於殺也雍曰段恃寵驕恣彊足當國鄭伯不能防閑以禮教訓以道縱成其罪終致大辟處心積思志欲殺弟○大辟婢亦反思息吏反于鄢遠也猶曰取之其母之懷中而殺之云爾甚之也段奔走乃至於鄢去已遠矣鄭伯猶追殺之何以異於探其母懷中赤子而殺之乎君殺大夫例不地甚鄭伯之殺弟故謹其地

【疏】注段奔至其地○釋曰僖十年晉殺其大夫里克昭十四年莒殺其公子意恢例不地故知此書地是謹之也又昭十一年楚子虔誘蔡侯般殺之于申傳曰稱地謹之也明此稱地亦是謹耳

然則為鄭伯者宜奈何緩追逸賊親親之道也君親無將將而必誅為此蓋臣子之道所犯在已故可以申兄弟之恩

【疏】注君親至之恩○釋曰莊三十二年公羊傳文

○秋七月天王使宰

咺來歸惠公仲子之賵 宰官咺名仲字子宋姓也婦人以姓配字明不忘本示不適同姓也妾子爲君賵當稱謚成風是也仲子乃孝公時卒故不稱謚賵例時書月以謹其晚○宰咺況阮反注同仲子惠公之母也與左氏傳同賵芳鳳反及下同

［疏］七月至之賵○釋曰公羊傳云仲子者何桓之母也何以不言及仲子仲子微也左氏亦以仲子爲桓之母今穀梁以爲孝公之妾惠公之母者以文九年秦人來歸僖公成風之禭彼若兼歸二禭則先書成風既經不先書成風明母以子氏直歸成風禭服而已成風既是僖公之母此文正與彼同故知仲子是惠公之母也鄭釋廢疾亦云若仲子是桓之母桓未爲君則是惠公之妾天王何以賵之則惠公之母亦爲仲子也鄭云亦爲仲子者以左氏公羊皆言仲子桓公母故也然則魯女得並稱伯姬叔姬宋女何爲不得並稱仲子也又仲子不稱夫人者文九年秦人來歸僖公成風之禭傳稱秦人弗夫人也即外之弗夫人而見正焉則此不稱夫人理亦當然也文五年春王正月王使榮叔歸含且賵傳曰其不言來不周事之用也仲子乃孝公時卒而云來者秦人能遠慕中華君子恕而不責其晚故言來又書時今平王能崇禮諸侯因惠公之喪而來歸賵故亦恕而不責言來也秦近西戎能

慕中國故時而不月京師路近故謹而月之范以不責秦而不書月故知書月者是譏之文文五年傳云不周事之用也而經書月則周事之用今書時故注云賵例時書月以譏其晚也**母以子氏**妾不得體君故以子爲氏平王新有幽王之亂遷于成周欲崇禮諸侯仲子早卒無由追賵故因惠公之喪而來賵之

仲子者何惠公之母孝公之妾也禮賵人之母則可賵人之妾則不可君子以其可辭受之其志不及事也常事不書**賵者何也乘馬曰賵衣衾曰襚貝玉曰含錢財曰賻**四馬曰乘含口實○乘繩證反襚音遂含戶暗反又作唅賻音附

【疏】賵者至曰賻○釋曰士喪禮賵用兩馬此用乘馬者禮大夫以上皆乘四馬故賵用乘馬馬數雖同其馬大小則異故何休云天子馬曰龍高七尺以上諸侯曰馬高六尺以上卿大夫士曰駒高五尺以上是也士喪禮賵并有玄纁束○公羊傳亦云賵者以馬以乘馬束帛何休云束帛謂玄三纁二玄三法天纁二法地是也謂之賵者何休云

賵猶覆也當覆被亡者之身休又云賻猶助也皆助生送死之禮襚猶遺也遺是助死之禮知生者賵賻知死者賵襚耳或當襚者衣服之名故送死之衣亦名襚也衣多少之數喪大記小斂之衣皆十九稱大斂之衣君百稱大夫五十稱士三十稱天子蓋百二十稱斂衣稱數不同則所歸襚服亦當有異但所歸者未必具其稱先儒無說不敢斷其多少也含者實口之名周禮玉府大喪共含玉則天子用玉禮雜記論諸侯弔含之事云將命者執璧委於殯東是諸侯用璧士喪禮含用米貝是士用米貝莊子云徐徐別其頰無傷口中珠或大夫用珠也其多少之數士喪禮用貝三則天子以下同用三明矣何者實口當無多少之異故也舊說云大夫當五諸侯當七天子當九非也檀弓含用米貝以喪大記約之則天子米當用黍諸侯用粱大夫士用稷也案雜記之文諸侯含必當用璧文五年注云諸侯含用玉又此傳直云貝玉曰含者璧亦是玉之別故同○禮子男執璧亦同謂之玉故傳舉貝玉摠之也或以爲禮緯天子用珠諸侯用玉大夫用璧士用貝又此傳貝玉曰含故范氏不取禮記之文而云諸侯含用玉也若從前解禮緯之文特爲先代法則於理通耳○

九月及宋人盟于宿及者何内卑者也宋人

外卑者也卑者之盟不日卑者謂非卿大夫也凡非卿大夫盟信之與不例不日〔疏〕及者至不日○釋曰盟會言及別內外傳卑言及上下序此言及者是魯之微人傳云卑者之盟不日則公卿之盟書日可知故文二年三月乙巳及晉處父盟莊二十二年秋七月丙申及齊高傒盟彼雖不言公以公實在故亦書日又二年秋八月庚辰公及戎盟于唐襄三年六月公會云云己未同盟於雞澤是稱公而書日襄二十七年秋七月辛巳豹及諸侯之大夫盟於宋是卿盟亦日此不書日是卑者例不書日八年傳云外盟不日詳內而略外也其間有內之公卿不日外盟亦日皆當條別有義耳定十一年注云平不日亦有惡矣則平亦有日月之例也宿邑名也○冬十有二月祭伯來來者來朝也其弗謂朝何也寰內諸侯非有天子之命不得出會諸侯不正其外交故弗與朝也天子畿內大夫有采地謂之寰內諸侯○祭側界反朝直遙反寰音縣古縣字一音環又音患寰內圻內也畿本或作圻音祈聘

弓鍭矢不出竟場束脩之肉不行竟中有至尊者不貳之也聘遺所以結二國之好將彼我之意臣當稟命於君無私朝聘之道○鍭音候又音侯竟音境本或作境場音亦遺唯季反好呼報反稟彼錦反〔疏〕來者至之也○釋曰天子畿內大夫奉王命當言聘此不奉王命據之君言之故傳云不與朝也寰內者王都在中諸侯四面遶之故曰寰內也祭伯者范雖不注傳云諸侯則伯爲爵也聘弓鍭矢者糜信云聘問也古者以弓矢相聘問故左傳云楚子問郤至以弓爾雅釋器云金鏃翦羽謂之鍭郭璞云今之錍箭是也束脩之肉者脩脯也謂束脯之肉也臣無竟外之交故弓矢不出竟場在禮家施不及國故束脩之肉不行竟中謂之竟場者竟是疆界之名至此易主故謂之疆場不貳之者言臣當一一稟君命無自專之道也范注莒慶之下引禮束脩之問不出竟董仲舒曰大夫無束脩之饋言雖有異其意皆同也○公子益師卒大夫日卒正也君之卿佐是謂股肱股肱或虧何痛如之故錄其卒日以紀恩不日卒惡也罪故略之〔疏〕大夫至惡也○釋曰五年冬十有二月辛巳公子彄卒僖

十六年三月壬申公子季友卒皆書日今不書日故云惡之益師之惡經傳無文蓋春秋之前有其事也麋信云益師不能防微杜漸使桓弒隱若益師能以正道輔隱則君無推國之意桓無篡弒之情所言亦無案據也何休云公羊以爲日與不日爲遠近異辭若穀梁云益師惡而不日則公子牙及季孫意如何以書日乎鄭君釋之曰公子牙莊公弟不書弟則惡明也故不假去日季孫意如則定公所不惡故亦書日是鄭意亦以爲惡故不日也

二年春公會戎于潛凡年首月承於時時承於年文體相接春秋因書王以配之所以見王者上奉時承天而下統正萬國之義然春秋記事有例時者若事在時例則時而不月月繫事未則月而不書王書王必皆上承春而下屬於月文表年始事莫之先所以致恭而不瀆者他皆放此唯桓有月無王以見不奉王法爾南蠻北狄東夷西戎皆底羌之別種潛魯地會例時○見王賢徧反下同屬章玉反瀆徒木反放甫往反後此例不音底丁兮反本又作氐種章勇反【疏】注凡年至例時○釋曰春秋二百四十二年無王一百有八桓無王者以見不奉王法餘公無王者爲無正月不得言王凡書首時者六十有二若以正月首時者亦得書王何者以時雖無事年時月皆借

故亦書王則莊十有一年春王正月十有九年春王正月皆月下無事而書王是也若月承於時時承於年年下有事書王配之者則莊三年春王正月溺會齊師伐衛八年春王正月王師次于郎是也雖非正月但月承於時時承於年又事繫月下即亦稱王則三年。王二月乙已日有食之莊六年春王二月王人子突救衛是也注又云春秋記事有例時者謂若朝會侵伐之類知者十一年春滕侯薛侯來朝傳曰諸侯來朝時正也莊十年二月公侵宋傳曰侵時惡之故謹而月之二十三年春公至自齊傳曰往時正也故此年春公會戎于潛五年春公觀魚于棠皆不書月是也其有書月之類皆有故始書耳注又云月繼事末則月而不書王者謂年首已有事下雖有月亦不得書王若八年春宋公衛侯遇于垂下文三月鄭伯使宛來歸邴是也致恭而不瀆者也謂恭敬於王不敢瀆慢者也會例時者四年夏公及宋公遇於淸九年冬公會齊侯于防是也。若然十年春王二月公會齊侯鄭伯于中丘十一年夏五月公會鄭伯于時來而書月者范云天言。雷雨之異而不知戒懼反更數會故危之是有故始書月明無故例時也

會者外爲主焉爾

知者慮。察安審危。○知音智。義者行。臨者能斷。○斷丁亂反。仁者守。衆之所歸。

守必堅固○守如字**有此三者然後可以出會會戎危公也**無此三者不可以會而況會戎乎

〔疏〕注無此至戎乎○釋曰傳云知者慮謂卿爲司徒主教民察民之安危也義者行謂卿爲司馬司馬主斷制也仁者守謂卿爲司空司空主守也人君之行二卿從一卿守然後可會中國之君相無三臣之策而出會齊侯身死於外故重起例時其不可是以此注云無此三臣不可以會而況會戎乎兼爲桓公生此意也此既危公而不月者徐邈云會戎雖危有三臣之助不至于難故不月也理或然焉

○**夏五月莒人入向**入例時惡甚則日次惡則月能皆放此○莒音舉向舒亮反惡惡烏各反並同

〔疏〕注入例至放此○釋曰入例時者以侵伐既時則入亦時也故五年秋衛師入郕十年秋宋人衛人入鄭皆不月是也惡甚則日者八年庚寅我入邴傳曰日入惡入者也十年冬十月壬午齊人鄭人入郕傳曰日入惡入者也經書日傳特發云惡入也則書日是大惡之例書日既爲大惡則書月者次惡書時有小惡知書時亦惡者傳云入者內弗受也則稱入者亦是惡也內不受此已發例下入極復言之者向者佗入我極者我入佗恐內外不同故兩發以同之或以爲書時者

無惡但事自惡耳入者內弗受也入無小大苟不以罪則義皆不可受向我邑也自魯而言故曰我也○無侅帥師入極二千五百人爲師○侅音該又戶楷反左氏作駭入者內弗受也極國也諱滅同姓故變滅言入傳例曰滅國有三術中國曰卑國月夷狄時極蓋卑國也內謂所入之國非獨魯也〔疏〕注滅國有三術至非獨魯也○釋曰宣十五年襄六年傳文也苟焉以入人爲志者人亦入之矣不稱氏者滅同姓貶也〔疏〕滅同姓貶也○釋曰左氏無駭八年乃賜族則爲無族可稱此傳云不稱氏者滅同姓貶也則以無侅舊有氏公羊無駭者何展無駭也何以不氏貶曷爲貶疾始滅也然則此傳貶意雖與公羊異或當先號展氏也○秋八月庚辰公及戎盟于唐傳例曰及者內爲志焉爾唐魯地○九月紀履緰來逆女不親逆則例月重錄之親迎則例時○履緰音須左氏作裂繻下注同〔疏〕注不親至例時○釋曰莊二十四年夏公如齊逆女書時

此則書月故云不親逆例月親逆例時也**逆女親者也**親者謂自逆之也**使大夫**

非正也以國氏者爲其來交接於我故君子進之也傳例曰當國以國氏卑者以國氏進大夫以國氏國氏雖同而義各有當公子公孫篡君代位故去其氏族國氏以表其無禮齊無知之徒是也若庶姓微臣雖爲大夫不得爵命無代位之嫌既不書其氏族當知某國之臣故國氏以別之宋萬之倫是也履緰以名繫國著其奉國重命來爲君逆得接公行禮故以國氏重之成九年宋不書逆女以其逆者微今書履緰亦足知其非卑者公羊傳曰春秋貴賤不嫌同號美惡不嫌同辭左氏含族之例或厭以尊君或貶以著罪此傳隱公去即位以明讓莊公去即位以表繼弑文同而義異者甚衆故不可以一方求之○爲其于僞反注來爲同有當丁浪反故去起呂反下同以別彼列反美惡烏路反又如字含族音捨或厭於葉反

〔疏〕傳例至求之○釋曰齊無知衛祝吁弑君取國以國氏齊公子商人楚公子比亦弑君取國不以國氏者商人不欲以嫌代嫌楚公子比不是弑君之主故皆稱公子不以國氏也此云履緰知非卑者傳云逆之道微指言不親逆略之不稱使非

謂履綸甲也注廣引公羊左氏者以證國氏不同之意并明褒貶殊致也貴賤不嫌同號美惡不嫌同辭隱七年公羊傳文也滕是小國爵稱侯齊是大國亦止稱侯是貴賤不嫌同號文公繼■君而稱即位桓公繼弑君亦言即位是美惡不嫌同辭或厭以尊君成十四年僑如以夫人婦姜氏至自齊宣元年遂以夫人婦姜至自齊是也或貶以著罪若四年暈帥師會宋公云云伐鄭襄二十七年豹及諸侯之大夫盟於宋是也不可以一方求之者言國氏雖同本意各異故不可以一方求之是以廣引文同義異以爲證也

○冬十月伯姬歸于紀伯姬魯女禮婦人謂嫁曰歸反曰來歸嫁而曰歸明外屬也反曰來歸明從外至反謂爲夫家所遣

〔疏〕禮婦至來歸○釋曰婦人謂嫁曰歸此伯姬歸于紀是也反曰來歸宣十六年郯伯姬來歸是也○

從人者也婦人在家制於父既嫁制於夫夫死從長子婦人不專行必有從也伯姬歸于紀此其如專行之辭何也曰非專行也吾伯

姬歸于紀故志之也其不言使何也怪不言使履緰來逆女○長丁丈反〔疏〕專行之辭○釋曰糜信云不稱使者似若專行也謂決魯夫人至并稱逆者此直云伯姬歸故問之下云吾伯姬歸故志之也明佗逆者不足録故與內夫人至異也逆之道微無足言君不親迎而大夫來逆故曰微也既失其大不復稍明其細故不言使履緰也○迎魚敬反復扶又反道焉爾〔疏〕逆之道微○釋曰成八年宋公使公孫壽來納幣注云婚禮不稱主人宋公無主婚者自命之故稱使此紀侯有母母使履緰文不稱使正是常事而云逆之道微故去使者納幣禮合使卿宋公身自命之故云使逆女非親不得故云逆之道微而去使文也以逆女與納幣異故彼此不同耳

○紀子伯莒子盟于密密莒地○子伯如字長也左氏作子帛或曰紀子伯莒子而與之盟紀子以莒子爲伯而與之盟伯長也或曰年同爵同故紀子以伯先也年爵雖同紀子自以爲伯而先〔疏〕或曰至先也○釋曰上文伯莒子者謂紀子推先莒子爲

伯而與之盟下文以伯先者謂紀子自以爲伯而居先再言或曰者失其真故也〇十有二月乙卯夫人子氏薨夫人薨例日夫人曰薨【疏】夫人子氏薨〇從夫稱〇稱尺證反

釋曰左氏以子氏爲桓公之母公羊以爲隱公之母穀梁知是隱公之妻者以隱推讓據其爲君而亦稱公故其妻亦稱夫人也夫既不葬故其妻亦不葬以經文上下符合故爲隱妻而左氏桓未爲君其母稱夫人是亂嫡庶也公羊以爲隱母則隱見爲君何以不書葬若以讓不書葬何爲書夫人子氏薨故穀梁子以爲隱妻也夫人薨不地夫人無出竟之事薨有常處〇處昌慮反夫人者隱之妻也卒而不書葬夫人之義從君者也隱弒賊未討故不書葬〇鄭人伐衛傳例曰斬樹木壞宮室曰伐伐例時〇壞音怪又户怪反【疏】傳例至例時〇釋曰傳例曰者五年傳文也伐既例時此伐衛文承月下者日月自爲魯夫人薨故上注云夫人薨例日是也

三年春王二月己巳日有食之杜預曰日行遲一歲一周天月行疾

一月一周天一歲凡十二交會然日月動物雖行度有大量不能不小有盈縮故有雖交會而不食者或有頻交而食者唯正陽之月君子忌之故有伐鼓用幣之事京房易傳曰日者陽之精人君之象驕溢專明爲陰所侵則有日有食之災不救必有篡臣之萌其救也君懷謙虛下賢受諫任德日食之災爲消也○日有食之本亦作蝕音同後皆倣此量音亮下遐嫁反爲消于僞反

【疏】二月至食之○釋曰此經不書朔傳云食晦日也則此食必當晦日但不知是何月晦也徐邈云己巳爲二月晦則三月不得有庚戌也明宣十年四月丙辰十七年六月癸卯皆是前月之晦也則此己巳正月晦冠以二月者蓋交會之正必主於朔今雖未朔而食著之此月所以正其本亦猶成十七年十月壬申而繫之十一月也取前月之日而冠以後月故不得稱晦以其不得稱晦知非二月晦也未審范意如何穀梁之例書日食凡有四種之別故此二月己巳日有食之傳云言日不言朔食晦日也桓十七年冬十月朔日有食之傳云言朔不言日食既朔也彼是二日食矣又莊十八年三月日有食之傳云不言日不言朔夜食也又桓三年七月壬辰朔日有食之既傳云言日言朔食正朔也是有四種之別公羊以爲此二月己巳不言朔者是二日食也左氏以爲不言朔者史失之並非穀梁

意耳○注杜預至消也○釋曰依歷家之說日一日一夜行天一度月一日一夜行天十三度十九分度之七天有三百六十五度四分度之一故日行一歲一周天計月逐及日之時不啻周天但舉其大率耳日月相及而爲交會謂之一月計一年之中有十二交會則應每月常食而有不食之時故解之但日月動物其行也或盈或縮故雖交會而有不食之時或亦有頻交而食也雖交會而不食者謂春秋二百四十二年唯三十七日食是也頻交而食者則襄二十一年九月十月食二十四年七月八月食是也京房漢人字君明頓丘人也本姓李推律自定爲京氏爲易作傳故曰京房易傳也

言日不言朔食晦日也其日有食之何也吐者外壤食者內壤凡所吐出者其壤在外其所吞咽者壤入於內○壤而丈反吞勑恩反又音天咽於見反闕然不見其壤有食之者也今日闕損而不知壤之所在此必有物食之○見如字又賢徧反有內辭也或外辭也邵曰食者內壤故曰內辭吐者外壤故曰外辭傳無外辭之文者蓋時無外壤也而曰或外辭者因事以明義例爾猶傳云二穀不

升謂之饉四穀不升謂之康亦無其事○饉渠吝反有食之者內於日也內於日以壞不見於外○見賢徧反又如字其不言食之者何也知其不可知知也○不可知知也上知如字下知音智〔疏〕其日至知也○釋曰傳問經意其稱日有食之何也傳又申說之吐者外壤謂凡所吐出其壤在外也食者內壤謂凡吞食者壞入於內也闕然不見其壞有食之者也者謂日既闕損不知壞之所在必有物食之有內辭也或外辭也者謂日食有兩種之辭據書內壤故言有內辭不書外壤故曰或外辭也有食之者內於日也者謂日食既有二辭今直云有食之者爲日之所壤在於內也其不言食之者何也者謂經不書月食日也知其不可知知也者謂聖人慎疑作不知之辭者知也壞字爲穀梁音者皆爲傷徐邈亦作傷麋信云齊魯之間謂鑿地出土鼠作穴出土皆曰壤或當字從壤蓋如麋信之言也○注三穀至其事○釋曰襄二十四年傳文也彼云一穀不升謂之嗛二穀不升謂之饑三穀〇二不升謂之饉四穀不升謂之康五穀不升謂之大侵

月庚戌天王崩平王也高曰崩梁山崩厚曰崩沙鹿崩

尊曰崩，天子之崩以尊也。其崩之何也？以其在民上，故崩之。其不名何也？大上，故不名也。夫名者，所以相别爾。居人之大，在民之上，故無所名。○大並如字。夫音符，發句之端，皆同。别，彼列反。

〇夏四月辛卯，尹氏卒。文三年王子虎卒不日，此日者，録其恩深也。○尹如字，周大夫也，左氏作君氏。

【疏】注文三至深也。○釋曰：范云恩深者，王子虎即叔服也，會葬在文元年，三年王子虎始卒，其恩已殺，故直録其卒而不書其日。尹氏三月詔魯人弔，四月卒，故痛而日之，是恩深於叔服也。

尹氏者何也？天子之大夫也。外大夫不卒，此何以卒之也？於天子之崩爲魯主，故隱而卒之。隱猶痛也。周禮大行人職曰：若有大喪，則詔相諸侯之禮。然則尹氏時在職而詔魯人之弔者，不書官名，疑其譏世卿。○相，息亮反。

【疏】注隱猶至世卿。○釋曰：詔魯人之弔者，叔孫得臣如京師，經書名氏，今不見其名，蓋微者也。疑其譏世卿者，穀梁無傳，唯據公羊，故

云疑也○秋武氏子來求賻天使不正者○月今無君王不稱使故亦略而書時

〔疏〕注天王至書時○釋曰桓十五年二月天王使家父來求車是不正也文九年春毛伯來求金與此武氏子並不月者皆爲無君不稱使略而稱時也正而時者則凡伯南季是也祭伯來私出竟故書月以表不正祭叔來聘亦不請於王不正可知故不復月等不請王命祭伯寰內諸侯故不言朝祭叔大夫故不言使而言聘也

武氏子者何也天子之大夫也天子之大夫其稱武氏子何也未畢喪孤未爵平王之喪在殯未爵使之非正也其不言使何也據桓十五年天王使家父來求車稱使無君也桓王在喪未即位故曰無君歸死者曰賵歸生者曰賻曰歸之者正也求之者非正也喪事無求而有賵賻周雖不求魯不可以不歸魯雖不歸周不可以

求之求之爲言得不得未可知之辭也交譏之【疏】未可至譏之。○釋曰王者有求得在不疑而云未可知者以王者求之非道容有辭說故云未可知也交譏之者交猶俱也指事而書則周魯之非俱見也

○八月庚辰宋公和卒天子曰崩諸侯曰薨大夫曰卒周之制也春秋所稱曲存魯史之義內稱公而書薨所以自尊其君則不得不略外諸侯書卒以自異也至於既葬雖邾許子男之君皆稱謚而言公各順臣子之辭兩通其義鄭君曰禮雜記上曰君薨赴於他國之君曰寡君不祿敢告於執事曲禮下曰壽考曰卒短折曰不祿君薨赴而云不祿者臣子之於君父雖有壽考猶若短折痛傷之至也若赴稱卒是以壽終無哀惜之心非臣子之辭鄭國來赴書以卒者無老無幼皆以成人之稱亦所以相尊敬○謚市至反後皆同短于緩反折時設反下同有壽市又反又如字【疏】注天子至尊敬○釋曰曲禮與公羊傳文也何休稱死而異名者別尊卑也葬不別者從恩殺略也

諸侯曰卒正也正謂承嫡【疏】諸侯曰卒正也○釋曰據正始故發傳也○注正謂承嫡○釋曰僖十七年冬十有二月乙亥齊侯小白卒彼非正而書

日者以莊九年齊小白入于齊國氏及入則不正之事已見故於卒不復見之而依常書日耳注外盟不日者八年傳文也

○冬十有二月齊侯鄭伯盟于石門傳例曰外盟不日石門齊地

○癸未葬宋繆公日葬故也危不得葬也

天子七月而葬諸侯五月而葬大夫三月而葬傳例曰諸侯時葬正也月葬故也日者憂危最甚不得備禮葬也他皆放此徐邈曰文元年傳曰葬曰會言有天子諸侯之使共赴會葬事故凡書葬皆據我而言葬彼所以不稱宋葬繆公而言葬宋繆公者弔會之事昭穆之命此常事無所書故但記卒記葬錄魯恩義之所及則哀其喪而恤其終亦可知矣若存没隔絶情禮不交則卒葬無文或有書卒不書葬蓋外雖赴卒而内不會葬無其事則闕其文史策之常也穀梁傳稱變之不葬有三弑君不葬國滅不葬失德不葬言夫子脩春秋所改舊史以示義者也弑君之賊天下所當同誅而諸侯不能治臣子不能討雖葬事是供義何足算亡國之君喪事不成則不應書葬失德之主無以守位故没葬文傳於宋襄公著失民之咎宋共公發非葬之問言伯姬賢而不荅共公不能弘家人之禮然則爲君者外之不足以全國内

之不足以正家皆所謂失德而終禮宜貶者也于時諸國多失道不可悉去其葬故於二君示義而大體明矣○繆音穆本亦作穆之使所吏反下同策本又作筴初革反〔疏〕注天子至筭素緩反數也宋共公音恭本又作恭去起呂反明矣○釋曰天子七月而葬云云隱元年左傳文諸侯時葬正也襄七年傳文月葬故也隱五年傳文日者憂危最甚此傳云日葬故也危不得葬也是也變之不葬有三云云昭十三年傳文弑君不葬者若十一年公薨不書葬是也國滅不葬者若紀侯大去其國雖賢終不書葬是也其陳哀蔡靈書葬者閔二國不與楚滅之也失德不葬者僖二十三年宋公茲父卒成十五年宋公固卒是也外之不足以全國者謂宋襄也内之不足以正家者謂宋共也

監本附音春秋穀梁注疏隱公卷第一

新建縣知縣鄭祖琛
浮梁縣知縣劉丙　同栞

春秋穀梁傳注疏挍勘記序

阮元撰盧宣旬敬錄

六藝論云穀梁善于經豈以其親炙於子夏所傳爲得其實與公羊同師子夏而鄭氏起癈疾則以穀梁爲近孔子公羊爲六國時人又云傳有先後然則穀梁實先於公羊矣今觀其書非出一人之手如隱五年桓六年並引尸子說者謂卽尸佼佼爲秦相商鞅客鞅被刑後遂亡逃入蜀而預爲徵引必無是事或傳中所言者非尸佼也自漢宣帝善穀梁於是千秋之學起劉向之義存若更始唐固糜信孔衍徐乾皆治其學而范甯以未有善釋遂沈思積年著爲集解晉書范傳云徐邈復爲之注世亦偁之似徐在范後而書中乃引邈注

一十有七可知遂成書於前范甯得以捃拾也讀釋文所列經解傳述八亦可得其後先矣漢志經傳各自爲帙今所傳本未審合併於何時也集解則經傳並釋豈即范氏之所合與范注援漢魏晉各家之說甚詳唐楊士勛疏分肌擘理爲穀梁學者未有能過之者也但晉豕魯魚紛綸錯出學者患焉康熙間長洲何煌者焯之弟其所據宋槧經注殘本宋單疏殘本並希世之珍雖殘編斷簡亦足寶貴元曾挍錄今更屬元和生員李銳合唐石經元版注疏本及閩本監本毛本以挍宋十行本之譌元復定其是非成穀梁注疏挍勘記十二卷釋文挍勘記一卷阮元記

引據各本目録

單經本

唐石經凡十二卷顧炎武金石文字記曰襄昭定哀四公卷成公篇重刻者居其半僖公篇亦似後來重刻却不避城字炎武謂昭定哀三卷亦朱梁補刻則考之未審矣

經注本

宋槧殘本余仁仲萬卷堂藏本兼載釋文宣公以前鈌自宣公以後分卷與石經合今據何煌挍本

單疏本

鈔宋殘本章上李中麓藏文公以前鈌自文公以後分卷亦與石經合亦據何煌挍本

注疏本

元本亦據何煌挍本

十行本 凡二十卷閩監毛三本同又何煌所記諸舊本尚有南監本一種今案南監本即十行本故不别出

閩本

監本

毛本

春秋穀梁傳注疏序挍勘記　阮元撰盧宣旬摘錄

監本附音春秋穀梁傳註疏序　閩監毛本無監本附音序五字案何煌校本跋云此卷先命奴子羅中郎用南監本逐字比校訖令驗此標題及下銜名二行何校與十行本合何所稱南監本當即此十行本也

國子四門助教楊士勛撰　國子博士兼太子中允贈齊州刺史吳縣開國男陸德明釋文　此銜名二行閩監毛本作晉范甯集解唐楊士勛疏

春秋穀梁傳序　閩監毛本上空二字石經此六字八分書稍大上不空字十行本與石經合釋文無傳字

亦既經傳其文　閩監毛本同何校本其作共是也案凡何所挍不能别爲何本者則但稱何挍本以後並同

唯祭與號　閩監本同毛本號誤號

穀梁子名淑字元始　宋王應麟云穀梁子或以爲名赤或以爲名俶顔師古又以爲名喜○按作俶是也齊召南云爾雅俶訓始故字元始

故曰穀梁傳孫卿　閩監本同毛本脊傳字

父名注　閩本同監毛本注改注下父注同○按晉書本傳作注

昔周道衰陵　自此以下十行本行行頂格與石經合閩監毛本並上空一字

弑逆篡盜者國有　石經閩監毛本同釋文出弑逆申志反凡弑字從式殺字從殳君父曰弑取積漸之名自外則皆曰殺此可以意求也傳本多作殺字故時復音之後放此又作殺音同又昭公十三年弑其下云案古篡弑字皆用殺字同而讀異耳

七耀爲之盈縮　石經同閩監毛本耀作曜釋文七耀本又作曜

朓則侯王其恭 閩監毛本同何校本恭作荼○按荼是也古多叚荼爲舒

二川震 閩監本同毛本二改三是

善惡褒貶等皆所以示禍福成敗之原 十行本善惡二字擠皆下空一格閩監毛本排勻不空

愚上不能用也 閩監毛本上作者是也

申侯與鄫人及犬戎 閩監本同毛本侯誤后

迺喟然而歎曰 唐石經歎字改刊

麟感而來應 宋建安本同石經閩監毛本感下有化字釋文麟本又作驎

餘不至也 閩本同監毛本至作來

凡五十二家 何校本二作三是也閩監毛本作凡二十五家尤誤

入揚雄一家三十八篇 十行本此九字墨圍○按此九字乃漢書注

游心於六藝之中 按今本漢書藝文志作游文

其本蓋出於史官 閩監毛本同何校本去其本二字與漢志合

選士大夫射 漢志無夫字

諸侯力政 閩監毛本力作失非也史漢皆云諸侯力政

不可強通者也 閩監毛本同石經萬歷本可下有得字

庸得不棄其所滯 閩監毛本同石經棄作弃案此避世字故也

謂甯之父注也 閩本同監毛本注改注是也

孔演 隋經籍志唐藝文志演作衍

劉瑶 隋唐志並作劉珧

言旻天者閩監毛本旻作昊下旻天不弔同

春秋穀梁傳注疏序校勘記終

寧都州貢生李楨校

穀梁注疏卷一挍勘記　　阮元撰盧宣旬摘録

監本附音春秋穀梁注疏隱公卷第一　閩監毛本無監本附音四字後卷並同

范甯集解　楊士勛疏　閩監毛三本范上有晉字楊上有唐字後卷並同

春秋穀梁傳隱公第一　石經釋文同案石經釋文並以每公爲一卷石經每卷首題春秋穀梁傳某公第幾八分書大字釋文此卷與石經同餘卷止稱某公第幾注疏本餘卷止存某公二字又此題目十行本頂格與石經合閩監毛本上空一字疏又低一字

元年　自此已下十行本行行頂格每一年提行另起與石經合又每經之上十行本皆作○界之閩監毛本以經文提行頂格次行以後並上空一字

隱公之始年　十行本注文雙行夾寫閩監毛本改爲單行上加註字

正者直方之閒語　閩本同監毛本者誤月

雖無事必舉正月 閩監毛本上加傳字十行本無案石經經傳不别十行本正與之合加傳字非

外爲主焉 案二年傳文焉下有爾字

貝玉曰含 閩監毛本同疏同儀禮經傳通解引亦作貝石經同補字貝作珠非釋文含又作唅○按依説文當作琀

知死者賵襚耳 按公羊傳注賵誤贈疏云賵實生死兩施是也

并有元纁束 補案束下當有帛字

故同禮 同乃周字之誤

豹及諸侯之大夫盟於宋 閩監本同毛本於作于

據之君言之 閩監毛本上之字作無

故傳云不與朝也 按傳不作弗

金鏃翦羽謂之鍭 閩監毛本鏃誤鏃

罪故略之 閩本同監毛本罪作惡

二年

南蠻北狄 此本狄誤秋閩監毛本不誤今據訂正

則三年王二月乙巳 閩監本同毛本王上增春字浦鏜云巳誤乙按浦說是也

春公至自齊之譌 案春字乃承上文經而誤衍也否則夏字

天言雷雨之異 閩監毛本言作告是也

相無三臣之策 閩監毛本相作桓

時其不可 閩監毛本時作明是也

三年

二穀不升謂之饉 閩監毛本二作三疏引亦作三○按作三與襄二十四年傳文合

徐邈亦作傷 段玉裁云傷當作場下曰壞從壞並當作場場俗作塲

天王使不正者月 閩監毛本者作稱

弑君不葬 閩監毛本同釋文出殺君是陸所據本與此不同

穀梁注疏卷一挍勘記終

寧都州李楨挍

監本附音春秋穀梁注疏隱公卷第二（起四年盡十一年）

范甯集解　楊士勛疏

四年春王二月莒人伐杞取牟婁　傳例曰取易辭也伐國不言圍邑言圍邑皆有所見伐國及取邑例時此月者蓋爲下戊申衛君完卒日起也凡例宜時而書月者皆緣下事當日故也日必繼於月故不得不書月事實在先故不得後録也他皆放此○杞音起牟亡侯反易以豉反見賢徧反蓋爲于僞反　【疏】注傳例至放此○釋曰取易辭也十年傳文伐國不言圍邑五年傳文伐國及取邑例時者案六年冬宋人取長葛僖二十六年冬公以楚師伐齊取穀宣九年秋取根牟皆不月是例時也其取須句以其再取故日取鄆取鄟皆内之叛邑爲害重大故月取邿取防惡乘人之敗故日明常例則時

傳曰言伐言取所惡也　稱傳曰者穀梁子不親受于師而聞之於傳者既伐其國又取其土明伐不以罪而貪其利兩書取伐以彰其惡○所惡烏路反又如字於傳直專反

諸侯相伐取地於是始

故謹而志之也春秋之始〔疏〕諸侯至志之也○釋曰外取邑不志今志之者爲入春秋以來最是取地之始故志之也○戊申衛祝吁弑其君完弑君日與不日從其君正與不正之例也祝吁衛公子○祝吁香于反左氏公羊及詩作州吁完音丸大夫弑其君以國氏者嫌也弑而代之也凡非正嫡則謂之嫌○夏公及宋公遇于清遇例時清衛地〔疏〕注遇例時○釋曰八年春宋公衛侯遇于垂與此皆不月知例時也及者內爲志焉爾元年與宋人盟于宿故今復尋之○復音扶又反〔疏〕及者至焉爾○釋曰重發傳者嫌盟遇禮異故重發以同之○遇者志相得也八年傳曰不期而會遇今日內爲志非不期也然則遇有二義〔疏〕注遇有二義○釋曰即八年與此雖同志相得而期不期異故云有二義傳祝吁之挈者徐邈以挈爲舉即是提挈之稱范云不書氏族提挈其名而道之則挈爲單挈不具足之辭○宋公陳侯蔡人衛人伐鄭○秋翬帥師

會宋公陳侯蔡人衛人伐鄭翬者何也公子翬也其不稱公子何也據莊三年公子慶父帥師伐於餘丘稱公子○翬音暉下同貶之也杜預曰外大夫貶皆稱人內大夫貶皆去族稱名記事之體他國可言某人而已之卿佐不得言魯人○去起呂反何爲貶之也與于弑公故貶也○與音預

九月衛人殺祝吁于濮濮陳地水名○濮音卜稱人以殺殺有罪也有弑君之罪者則舉國之人皆欲殺之祝吁之挈失嫌也不書氏族提挈其名而道之也衆所同疾威力不足以自固失當國之嫌○挈本又作絜苦結反注同其月謹之也故討賊例時也衛人不能即討祝吁致令出入自恣故謹其時月所在以著臣子之緩慢也○令力呈反下同【疏】注討賊至慢也○釋曰莊九年春齊人殺無知直時不月又此傳云其月謹之知其例合書時但祝吁以二月弑君衛人九月始討譏其緩慢故謹而月之于濮者譏失賊也譏其不即

討乃令至濮○冬十有二月衛人立晉。立納入皆篡也。大國篡例月，小國時。

【疏】注立納至國時○釋曰：案莊九年「齊小白入于齊」，傳曰「以惡曰入」；文十四年「晉人納捷菑」，傳曰「不正也」；此云「立者，不宜立者也」：是三者皆爲篡也。大國篡例月者，即此「冬十有二月衛人立晉」是也。小國時者，昭元年「秋，莒去疾自齊入于莒」是也。齊小白入于齊，齊是大國而不月者，與公伐齊同時，既例不月，故小白亦不月。王子猛不月者，王猛雖則非正，事異諸侯，故不書月也。

衛人者，衆辭也。立者，不宜立者也。嗣子有常位，故不言立。晉之名，惡也。惡謂不正。○惡也，烏各反。其稱人以立之何也？得衆也。得衆則是賢也，賢則其曰不宜立何也？春秋之義，諸侯與正而不與賢也。雍曰：正謂嫡長也。夫多賢不可以多君，無賢不可以無君。立君非以尚賢，所以明有統也；建儲非以私親，所以定名分。名分定，則賢無亂長之階，而自賢之禍塞矣；君無嬖幸之由，而私愛之道滅矣。○嫡，丁歷反。長，丁丈反，下同。儲，直魚反。分，扶

問反嬖必計反（疏）春秋之義○釋曰言春秋者得衆而言立恐理不相合故廣稱春秋以包之

五年春公觀魚于棠傳例曰公往時正也正謂無危事耳棠魯地○觀魚如字左氏作矢魚（疏）注傳例至魯地○釋曰莊二十三年傳文也正謂無危事此公雖以非禮觀魚不至於危故亦時而不月傳曰常事曰視視朔之類是非常曰觀觀魚之類是禮尊不親小事卑不尸大功尸主魚卑者之事也周禮䱷人中士下士○䱷音魚公觀之非正也○夏四月葬衛桓公月葬故也有祝吁之難故十五月乃葬○難乃旦反（疏）月葬故也○釋曰重發傳者前起日例今起月例故重發之○秋衛師入郕入者內弗受也郕國也將卑師衆曰師書其重者也將卑謂非卿○郕音成將卑子匠反注同○九月考仲子之宮失禮宗廟功重者月功輕者時莊二十三年秋丹桓宮楹是也（疏）

傳入者至受也○釋曰重發傳者前起者邑今是國故重發之○九月至之宮○釋曰考者謂立其廟祭之成爲夫人也此所以書之者仲子孝公之妾惠公之母惠公雖爲君其母唯當惠公之世得祭至隱不合祭之故書以見譏也不言立者不宜立爲庶母築宮得禮之變但不合於隱之世祭之故止譏其考不譏立也公羊左氏妾子爲君其母得同夫人之禮今穀梁知不然者喪服記云公子爲其母練冠麻麻衣縓緣既葬除之傳曰何以不在五服之中也君之所不服子亦不敢服也鄭玄云子君之庶子是貴賤之序嫡庶全别安得庶子爲君即同嫡夫人乎故穀梁子以爲於子祭於孫止

考者何也考者成之也成之爲夫人也立其廟世祭之成夫人之禮禮庶子爲君爲其母築宮使公子主其祭也公當奉宗廟故不得自主也公子者長子之弟及妾之子○爲于僞反長丁丈反於子祭於孫止貴賤之序仲子者惠公之母隱孫而脩之非隱也非責也三年父喪畢不於三年考者又有天王崩至此服竟乃脩之

初獻六羽羽翟羽舞者所執獻者下奉上之辭作之於廟故言獻

疏

初獻六羽○釋曰凡言初者有二種之意若尸子所言者則是復正之初也若初稅畝是譏事之初范知羽是翟羽者以衛詩簡兮云左手執籥右手秉翟故知羽即翟也范又云作之於廟故言獻齊侯來獻戎捷非於廟亦言獻者此是獻薦宗廟之事故范據廟言之其實外來者尊魯並稱獻也若然齊人來歸衛寶不言獻者彼寶非齊獻諱其逆天子之命假齊爲辭故與常文異也或以爲戎捷齊侯尊魯故特言獻衛寶以平等相遺故言歸理亦通也 初始也 遂以爲常

穀梁子曰舞夏天子八佾諸公六佾諸侯四佾

言穀梁子者非受於師自其意也夏大也大謂大雅大雅翟雉佾之言列八人爲列又有八列八八六十四人也並執翟雉之羽而舞也天子用八象八風諸公用六降殺以兩也不言六佾者言佾則干在其中明婦人無武事獨奏文樂○舞夏戶雅反注及下同佾音逸列也殺色界反

疏 注獨奏文樂○釋曰禮有文舞有武舞文舞者羽籥是也武舞者干戚是也凡舞所以象人之德故襄二十九年左傳稱吴季札觀樂見舞韶箾者曰德至矣哉大矣如天之無不幬也如地之無不載也雖甚盛德其蔑以加於此矣是其證也今仲子特爲築宮而祭之婦人既無武事不應得用

干戚故云獨奏文樂何休徐邈之等並同范說則是相傳爲然**初獻六羽始僭樂矣**下犯上謂之僭○僭子念反**尸子曰舞夏自天子至諸侯皆用八佾初獻六羽始厲樂矣**言時諸侯僭侈皆用八佾魯於是能自減厲而始用六穀梁子言其始僭尸子言其始降○侈昌是反又尸是反○**邾人鄭人伐宋**邾主兵故序鄭上○**螟蟲災也甚則月不甚則時**甚則即盡不及歷月禮月令曰仲春行夏令則蟲螟爲害○螟亡丁反○**冬十有二月辛巳公子彄卒**杜預曰大夫書卒不書葬葬者臣子事非公家所及○彄苦侯反**隱不爵命大夫其曰公子彄何也**據八年無侅卒不稱公子**先君之大夫也**隱不成爲君故不爵命大夫公子不爲大夫則不言公子也

〔疏〕先君至夫也○釋曰公子益師亦是先君之大夫而獨言公子彄者益師有罪而不日故傳略之彄無罪而文詳故因見爵命之例其實益師亦先君之

大夫也○宋人伐鄭圍長葛長葛鄭邑圍例時疏注圍例時○釋曰僖二十三年春齊侯伐宋圍閔宣十二年春楚子圍鄭是也但此爲久圍故謹而月之耳或解上文日月者爲公子彄卒此雖例時不可去上文日月其實日月不爲圍長葛也伐國不言圍邑據莊二年公子慶父帥師伐於餘丘不言圍也伐國不言圍邑書其重也此其言圍何也久之也宋以此冬圍之至六年冬乃取之古者師出不踰時重民之命愛民之財乃暴師經年僅而後克無仁隱之心而有貪利之行故圍伐兼舉以明之○暴步卜反本或作曝暴露也僅渠吝反行下孟反疏伐國至之也○釋曰伐國不言圍邑者舉重也其言圍者各有所爲此則五年圍六年乃取爲久之故書圍也僖六年齊侯以下伐鄭圍新城傳云著鄭伯之罪也二十三年春齊侯伐宋圍閔傳曰不正其以惡報惡也是書圍者各有所爲襄十二年莒人伐我東鄙圍邰書圍者爲季孫宿救邰張本也襄十六年齊侯伐我北鄙圍成十七年齊侯伐我北鄙圍桃齊高厚帥師伐我北鄙圍防並書圍者爲十八年諸侯同圍之起也伐不踰時戰不逐奔誅不填服來服者不

復填厭之○填音田復扶又反下同厭於甲反**苞人民毆牛馬曰侵斬樹木壞宮室曰伐**制其人民毆其牛馬賊去之後則可還反樹木斬不復生宮室壞不自成故其爲害重也○毆丘于反注同壞音怪一戸怪反六年同

〔疏〕苞人至曰伐○釋曰案左傳有鍾鼓曰伐無曰侵公羊傳觕者曰侵精者曰伐又何休廢疾云廢焚孔子曰傷人乎不問馬今穀梁以苞人民爲輕斬樹木壞宮室爲重是理道之不遍也所以穀梁不從二傳者鄭玄云苞人民毆牛馬兵去則可以歸還其爲壞宮室斬樹木則樹木斷不復生宮室壞不自成爲毒害更重也是鄭意亦以斬樹木壞宮室爲重是亦一家之義故與二傳不同

六年春鄭人來輸平杜預曰和而不盟曰平○輸平失朱反墮也左氏作渝平**輸者墮也平之爲言以道成也來輸平者不果成也**春秋前魯與鄭平四年翬與宋伐鄭故來絕魯壞前平也○墮許規反壞毀之也

○**夏五月辛酉公會齊侯盟于艾**艾魯地隱行皆不致者明其當讓也○艾五葢

反〔疏〕注艾魯至讓也○釋曰知非情者以隱讓○秋七月無事書首月不遺時也他皆放此〔疏〕注無事至放此○釋曰九年傳云無事焉何以書不遺時也然則春秋四時具始得成年若闕一時不書首月則是遺時也○冬宋人取長葛前年冬圍至今乃得之上有伐鄭圍長葛言長葛則鄭邑可知故不繫之鄭外取邑不志此其志何也久之也

七年春王三月叔姬歸于紀叔姬伯姬之娣至此歸者待年於父母之國六年乃歸媵之爲言送也從也不與嫡俱行非禮也親逆例時不親逆例月許慎曰姪娣年十五以上能共事君子可以往二十而御易曰歸妹愆期遲歸有時詩云韓侯取妻諸娣從之祁祁如雲娣必少於嫡知未二十而往也○娣徒細反女弟曰娣媵以證反又繩證反從才用反下同一音如字上時掌反共事音恭本亦作供愆起虔反取七喻反少詩照反下文及注同〔疏〕注叔姬至往也○釋曰六年乃歸者伯姬二年嫁于紀叔姬此年始去故云六年也所引易文

歸妹九四爻辭也王弼云夫以不正無應而適人也必須彼道窮盡無所與交然後乃可以往故愆期遲歸以待時也其卦☳☱兌下震上所引詩者大雅韓奕之篇引此二文者言大人有姪娣必當少於嫡知未二十而往也一解引易者證待年于父母國與嫡俱行也

其不言逆何也據莊二十九年莒慶來逆叔姬言逆逆之道微無足道焉爾逆者非卿○滕侯卒滕侯無名自無名非貶之

疏滕侯無名○釋曰左氏以滕侯無名爲未同盟故薨不得以名赴公羊傳云滕侯何以不名微國也微國則其稱侯何春秋貴賤不嫌同號美惡不嫌同辭今穀梁以爲用狄道也故無名者若左氏以爲未同盟故不名何爲春秋之內亦有不盟而書名者若公羊以爲微國不名則邾子克許男新臣何以名故穀梁子以爲用狄道也○滕徒登反

本來無名字

少曰世子長曰君狄道也其不正者名也戎狄之道年少之時稱曰世子長立之號曰君其非正長嫡然後有名爾責滕侯用狄道也○長曰丁丈反注同嫡本又作適丁歷反

○夏城中丘城例時中丘魯地城爲保民

爲之也建國立城邑有定所高下大小存乎王制刺公不脩勤德政更造城以安民○爲于僞反下爲其同刺七賜反〔疏〕注建國至安民○釋曰禮記王制無此文言存乎王制者謂王者之法制也高下者考工記云王宮門阿之制五雉宮隅之制七雉城隅之制九雉門阿之制以爲都城之制宮隅之制以爲諸侯之城制是也大小者即左傳云大都不過參國之一中五之一小九之一是也此城中丘與九年夏城郎例時者功役之事摠指天象故也民衆城小則益城益城無極凡城之志皆譏也夫保民以德不以城也如民衆而城小輒益城是無限極也此發凡例施之於城內邑○齊侯使其弟年來聘聘例時凡聘皆使卿執玉帛以相存問〔疏〕注聘例至存問○釋曰此齊侯使弟年下冬天王使凡伯皆不書月故例時也禮小聘曰問使大夫大聘使卿此既名見於經明是卿也案禮聘則執玉以致命執帛以致享故云執玉帛以相存問諸侯之尊弟兄不得以屬通禮非始封之君則臣諸父昆弟匹敵之稱人臣不可以敵君故不得以屬通所以遠別貴賤尊君卑臣之義○稱尺證反

別彼列反下同其弟云者以其來接於我舉其貴者也弟是臣之親貴者殊別於凡庶〔疏〕舉其貴者也○釋曰叔肸稱弟傳云賢也此年稱弟傳云舉其貴者則稱弟有二義也○秋公伐邾○冬天王使凡伯來聘凡氏伯字上大夫也戎伐凡伯于楚丘以歸凡伯者何也天子之大夫也國而曰伐此一人而曰伐何也大天子之命也伐一人而同一國尊天子之命戎者衛也戎衛者爲其伐天子之使貶而戎之也楚丘衛之邑也以歸猶愈乎執也○大天子之使過諸侯諸侯當候在疆埸膳宰致餼司里授館猶懼不敬今乃執天子之使無禮莫大焉昭十二年晉伐鮮虞傳曰晉狄之也今不曰衛伐凡伯乃變衛爲戎者伐中國之罪輕故稱國以狄晉執天子之使罪重故變衛以戎之以一人當一國韓詰以歸皆尊尊之正義春秋之微旨○之使

所吏反注同愈羊主反過古卧反上古禾反疆本又作疆亦作強音姜場者亦餼許氣反牲腥曰餼伐鮮音仙【疏】戎者衞也○釋曰虞信云不言夷狄獨言戎者因衞有戎邑故也范意或然○注云天子至不敬○釋曰國語云定王使單襄公聘于宋遂假道于陳以聘于楚陳人候不在疆膳宰不致餼司里不授館單子歸以告王曰陳侯不有大咎國必亡王曰何故對曰云云是棄先王之法制也周之秩官有之敵國賓至司里授館甸人積薪膳宰致飧廪人獻餼賓入如歸今臣承王命以過陳司事莫至是蔑先王之官也是文出於彼

八年春宋公衞侯遇于垂垂衞地**不期而會曰遇遇者志相得也○三月鄭伯使宛來歸邴**凡有所歸例時邴鄭邑○宛於阮反邴彼病反一音丙左氏作祊【疏】注凡有所歸例時○釋曰宣十年春齊人歸我濟西田定十年夏齊人來歸鄆讙龜陰之田並不書月故知例時也此月者爲下入邴月也一解以擅易天子之田故謹而月之也**名宛所以貶鄭伯惡與地也**惡其擅易天子邑○

惡與烏路反注及下同去起呂反擅市戰反○庚寅我入邴徐邈曰入承鄭歸邴下嫌內外文不別故著我以明之○別彼列反入者內弗受也日入惡入者也邴者鄭伯所受命於天子而祭泰山之邑也王室微弱無復方岳之會諸侯驕慢亦廢朝覲之事故鄭以湯沐之邑易魯朝宿之田也諸侯有大功盛德於王室者京師有朝宿之邑泰山有沐浴之邑所以供祭祀也魯周公之後鄭宣王母弟若此有賜邑其餘則否許慎曰若今諸侯京師之地皆有朝宿之邑周有千八國諸侯盡京師之地不足以容不合事理○復扶又反廢朝直遙反下同覲巨靳反諸侯春見天子曰朝秋見曰覲令力呈反〔疏〕入者內弗受也○釋曰重發傳者嫌易田與兵入異故重發以明之○注周有至事理○釋曰孝經說文○夏六月己亥蔡侯考父卒諸侯日卒正也〔疏〕日卒正也○釋曰重發之者宋公起例之始蔡侯嫌爵異故重發以明之舉此二者足以包宿男故宿男不復發傳也○辛亥宿男卒宿微國也

未能同盟故男卒也（疏）未能同盟○釋曰杜預以元年盟於宿宿亦與盟則以宿爲宿男之國此傳云未能同盟則以彼宿爲地名與杜異也○秋七月庚午宋公齊侯衛侯盟于瓦屋宋序齊上王爵也瓦屋周地外盟不日此其日何也據僖十九年夏六月宋公曹人邾人盟於曹南不日（疏）注據僖至不日○釋曰不據石門而引曹南者以曹南三國與此相合故引之也諸侯之參盟於是始故謹而日之也世道交喪盟詛滋彰非可以經世軌訓故存日以記惡蓋春秋之始也○參七南反喪息浪反詛莊慮反下文同誥誓不及五帝五帝謂黃帝顓頊帝嚳帝堯帝舜也誥誓尚書六誓七誥是其遺文五帝之世道化淳備不須誥誓而信自著○誥古報反誓市制反五帝孔安國云少昊顓頊高辛唐虞鄭玄有黃帝無少昊餘同范依鄭顓頊上音專下音許玉反帝嚳苦篤反高辛名（疏）注五帝至自著○釋曰五帝雖有軍旅會同不須誥誓而信自著也六誓者即尚書甘誓湯誓牧誓泰誓費誓秦誓也七誥者即湯誥大誥康

誥酒誥召誥洛誥盟詛不及三王三王謂夏殷周也夏后有鈞臺之享商湯有景亳之命周武有盟津之會衆所歸信不盟詛也○夏戸雅反鈞音均亳步各反盟津音孟本亦作孟【疏】注三王至詛也○釋曰經史通以王爲夏殷周也盟津之會昭四年左傳文三王衆所歸信故不設盟詛也尚書舜命禹征有苗而戒於衆則亦誓之類周禮秋官司盟官掌盟載之約則是盟事而云誥誓不及五帝盟詛不及三王者舜是五帝之末命禹徂征是禹之事故云不及五帝周公制盟載之法者謂方岳及有疑會同始爲之耳不如春秋之世屢盟故云不及三王也交質子不及二伯二伯謂齊桓晉文齊桓有召陵之師晉文有踐土之盟諸侯率服不質任也○交質音置注同二伯如字又音霸召上照反【疏】注二伯至任也○釋曰經典言五伯者皆謂夏伯昆吾商伯大彭豕韋周伯齊桓晉文今此傳以周末言之故知謂齊桓晉文也其召陵之師踐土之盟亦昭四年左傳文也○八月葬蔡宣公月葬故也○九月辛卯公及莒人盟于包來包來宋邑○包音苞一音浮左氏作浮來可言公

及人不可言公及大夫稱人衆辭可言公及人若舉國之人皆盟也不可言公及大夫如以大夫敵公故也○螟○螟亡丁反○冬十有二月無侅卒

無侅之名未有聞焉未聞者不知爲是隱之不爵大夫爲是有罪貶去氏族穀梁子不受之於師故曰未有聞焉○去起呂反或曰隱不爵大夫也若俠卒是○若俠音恊九年經同或說曰故貶之也若無侅帥師入極是【疏】或曰至貶之也○釋曰若是不爵命大夫二年傳不得云貶彼入極爲貶去氏則此亦爲貶去氏就二說之中後或曰是也公子益師卒傳曰不日惡也則此不日亦惡可知矣

九年春天王使南季來聘南氏姓也季字也南季天子之上大夫氏以爲姓也所以別姓者經有王季子來聘祭伯來王祭皆非姓也嫌與同故別之也季云字者明命爲大夫不以名通也○別彼列反祭伯側界反下同凡國名邑名及人名氏皆於始音後不復出若假借之字時復重

音後放此**聘問也。聘諸侯，非正也。**周禮天子時聘以結諸侯之好，殷覜以除邦國之慝，間問以諭諸侯之志，歸脤以交諸侯之福，賀慶以贊諸侯之喜，致禬以補諸侯之災。許慎曰：禮臣病，君親問之，天子有下聘之義。傳曰聘諸侯非正，甯所未詳。○好，呼報反。覜，他弔反。慝，他得反，惡也。間問，間廁之間。脤，市軫反，祭肉也。禬，戶外反，或古外反。

疏 注周禮至未詳○釋曰：范所引者，周禮大行人文也。鄭玄云：時聘者，亦無常期，天子有事諸侯使大夫來聘，親以禮見之，禮而遣之，所以結其恩好也。殷覜謂一服朝之歲也。慝，惡也。一服朝之歲，五服諸侯皆使卿以聘禮來覜天子，天子以禮見之，命以禮政禁之事，所以除其惡行。間問者，間歲一問諸侯而有省之屬。諭諸侯之志者，諭言語，諭書名，其類也。歸脤以交諸侯之福者，交或往或來者也。賀慶以贊諸侯之喜者，贊，助也。致禬，凶禮之弔禮、禬禮也。補諸侯之災者，若春秋澶淵之會，謀歸宋財。然時聘、殷覜二者，是諸侯臣使於王也；其間問、歸脤、賀慶、致禬四者，王使臣使於諸侯也。范此注引周禮者，證有下聘之義也。而傳云非正也，故云甯所未詳。然則荅鄭玄之駁則云叔服重天子之禮者，以此傳既非，故别爲之說。

○三月癸酉，大雨震電。震，雷也。電，

霆也。○電徒練反霆徒丁反又徒頂反〔疏〕震雷也電霆也。釋曰說文云震霹靂也陰擊陽爲電電者即雷之光與此傳異者易說卦震爲雷故何休亦以震爲雷霆者霹靂之別名有霆必有電故傳云電霆也或當電霆爲一也

○庚辰大雨雪志疏數也八日之間再有大變陰陽錯行故謹而日之也劉向云雷未可以出電未可以見雷電既以出見則雪不當復降皆失節也雷電陽也雨雪陰也雷出非其時者是陽不能閉陰陰氣縱逸而將爲害也○雨于付反數色角反向舒亮反見賢徧反復扶又反〔疏〕志疏數也。釋曰謂災有遠近遠者爲疏近者爲數也。注劉向至害也。釋曰何休云夏之正月未可大雨震電此陽氣大失其節猶隱公久居其位不反於桓失其宜也異發於九年者陽數可以極而不還國於桓之所致大雨雪者盛陰之氣大怒此桓將怒而弑隱公之象劉向之言與何休意不甚異但取變異之象少差耳

雨月志正也雨得其時則月〔疏〕注雨得其時則月。釋曰雨得其時則月者若僖三年夏六月雨是也

○俠卒俠者所俠也俠名也所其氏

〔疏〕俠者所俠也○釋曰徐邈引尹更始云所者俠之氏今范亦云所其氏則所者是俠之氏族但未備爵命故略名耳麋信以為所非氏所謂斥也

弗大夫者隱不爵大夫也俠不命為大夫故不氏隱之不爵大夫何也曰不成為君也明將立桓〇夏城郎郎魯邑〇秋七月無事焉何以書不遺時也四時不具不成年也〇冬公會齊侯于防防魯地也會者外為主焉爾

〔疏〕會者至焉爾〇釋曰重發傳者嫌華戎異故也

十年春王二月公會齊侯鄭伯于中丘隱行自此皆月者天告雷雨之異以見篡弒之禍而不知戒懼反更數會故危之〇見賢遍反數色角反〇夏翬帥師會齊人鄭人伐宋翬隱之罪人也故終隱之世貶之〇六月壬戌公敗宋師于菅敗例日與不日皆與戰同菅宋地〇公敗必邁反又皮邁反後亦同于菅古顏

反〔疏〕注敗例至宋地。釋曰莊十年傳例曰不日疑戰也者言不克日而戰以詐相襲則不疑當書日故桓十年冬十有二月丙午齊侯衛侯鄭伯來戰于郎范云結日列陳則日是也今注云與戰同則此敗宋師是克日而戰也

内不言戰舉其大者也戰然後敗故敗大於戰　辛未取郜。郜古報反字林工竺反　辛巳取防取邑不日此其日何也據僖三十三年伐邾取訾婁不日。訾子斯反　不正其乘敗人而深爲利取二邑故謹而日之也禮不重傷戰不逐北公敗宋師于菅復取其二邑貪利不仁故謹其日。重直用反逐北如字又音佩本又作逐奔復扶又反〔疏〕注禮不至逐奔。釋曰不重傷傳二十二年左傳文也不逐奔上五年傳文

○秋宋人衛人入鄭　宋人蔡人衛人伐載鄭伯伐取之凡書取國皆滅也變滅言取明其易。載如字本或作戴易以豉反下文同　不正其因人之力而易取之故

主其事也三國伐載自足以制之鄭伯不能矜人之危而反與共伐故獨書鄭伯伐取之以首其惡其實四國共取之。惡烏各反○冬、十月壬午齊人鄭人入郕入者内弗受也日入惡入者也郕國也。惡烏路反

十有一年春滕侯薛侯來朝天子無事諸侯相朝正也事謂巡守崩葬兵革之事。薛息列反守音狩本亦作狩〔疏〕十有一年釋曰言有者十是盈數更以奇從盈故言有欲見一者非十中之物也。注事謂至之事。釋曰書云肆覲東后是天子巡守當方諸侯有事許慎鄭玄皆以爲天子喪葬諸侯親奔故范亦以爲天子崩葬爲諸侯之事也桓五年諸侯從王伐鄭是天子舉兵苐諸侯亦有事也言無此等事諸侯得相朝朝若有即不得也考禮脩德所以尊天子也諸侯來朝時正也朝宜以時故書時則正也〔疏〕考禮脩德釋曰諸侯相朝所以正班爵奉王命故云考禮脩德也犆言同時也揗言謂別言也若穀伯綏

來朝鄧侯吾離來朝同時來不俱至○犆音特獨也本或作特累數皆至也累數摠言之也若滕侯薛侯來朝同時俱至○數所主反○夏五月公會鄭伯于時來時來鄭地○秋七月壬午公及齊侯鄭伯入許○冬十有一月壬辰公薨公薨不地故也不地不書路寢之比○比必利反隱之不忍地也隱猶痛也其不言葬何也君弑賊不討不書葬以罪下也責臣子也隱十年無正隱不自正也無正謂不書正月元年有正所以正隱也明隱宜立

監本附音春秋穀梁注疏隱公卷第一

新建縣知縣鄭祖琛
浮梁縣知縣劉丙
同栞

穀梁注疏卷二挍勘記

阮元撰盧宣旬摘錄

四年　隱公

衛祝吁弑其君完　閩監毛本同釋文弑其音試釋舊作殺注下同君完本又作皃音丸案皃郎八分書完字筆迹小異耳非容皃字又音丸也

故貶也　閩監毛本同石經作故貶之也

祝吁之挈　閩監毛本同釋文挈本又作絜注同案通志堂本釋文絜誤挈此从宋本

不書氏族提挈其名而道之也衆所同疾威力不足以自固失當國之嫌　此注文也閩監毛本凡注皆改單行上加注字此獨雙行無注字蓋改十行本之舊而未盡者

五年

疏傳人者至受也○釋曰重發傳者前起者邑今是國

故重發之注十行本無此一段疏閩本如此監本上傳作

段疏文十行本初刻無後補板剜擠在下考仲子之宫

疏上

練冠麻麻衣補案麻麻誤重

則干在其中閩監毛本干作羽○補此干字作羽則上

不言六佾者佾字亦當作羽

爲十八年諸侯同圍之起也閩監毛本起作地是也

兵去則可以歸還其爲閩監毛本同何校本下有害輕

二字是也

七年

大天子之使閩監毛本大作夫是也

八年

三月鄭伯使宛來歸邴 左氏作歸祊惠棟云古方丙同字

惡入者也 石經同二年疏引同閩監毛本脫入字

若今諸侯 閩監毛本同釋文出若令力呈反案令是

九年

而有省之屬 按周禮大行人注而有作謂存

十年

以詐相襲 閩監本同毛本詐誤戰

取二邑 閩監毛本同石經多一取字改刻作又取故此行十一字

戰不逐北 閩監毛本同釋文逐北本又作逐奔按注疏本作逐奔

伐載 閩監毛本同釋文云本或作戴按載爲𢧵之假借字戴爲或作之字說詳左傳釋文校勘記

穀梁注疏卷二挍勘記終

寧都李楨挍

監本附音春秋穀梁注疏卷第三 起元年盡七年

范甯集解　楊士勛疏

桓公（疏）魯世家桓公名允惠公之子隱公之弟以桓王九年即位世本作軌謚法辟土服遠曰桓

元年春王桓無王其曰王何也謹始也諸侯無專立之道必受國於王若桓初立便以見治故詳其即位之始以明王者之義（疏）桓無至始也○釋曰徐邈云桓公篡立不顧王命王不能討故無王又且桓公終始十八年唯元年二年十年十八年有王自外皆無王故傳據以發問而曰桓無王又范氏例云春秋上下無王者凡一百有八桓無王者見不奉王法餘公無王者爲不書正月不得書王桓初即位若已見治故書王以示義二年書王王痛與夷之卒正宋督之弑宜加誅也十年有王正曹伯之卒使世子來朝王法所宜治也十八年有王取終始治桓也是解元年有王爲謹始也餘年無王爲不奉王法也若然桓爲弑君而立故十四年没其王文宣公亦篡位而立不去王者桓弑賢兄讓國之主害成立之君宣篡未踰年之子又無爲臣之義以輕重既異

故去王亦殊也杜預注左氏桓十四年無王者失不班歷也何休注公羊意與穀梁同唯解有王者别云二年有王者見始也十年有王數之終也十八年有王桓之終也明終始有王桓公無之耳

其曰無王何也桓弟弑兄臣弑君天子不能定諸侯不能救百姓不能去以爲無王之道遂可以至焉爾元年有王所以治桓也正月公即位

杜預曰嗣子位定於初喪而改元必須踰年者繼父之業成父之志不忍有變於中年也諸侯每首歲必有禮於廟諸遭喪繼位者因此而改元即位百官以序故國史亦書即位之事於策○去上聲

【疏】注杜預至於策○釋曰尚書顧命云乙丑成王崩俾爰齊侯吕伋以二干戈虎賁百人逆子釗于南門之外延入翼室恤宅宗孔安國云明室路寢外之使居憂爲天下宗主天子初崩嗣子定位則諸侯亦當然也其改元必須踰年者孝子之情不忍有變於中年也然嗣子不忍變於中年故踰年即位桓公既無惻痛之情朝死夕忘亦於踰年即位者聖人立法即位必持踰年桓雖不仁未可獨當年即位即位既

是踰年故史官從其實而書之繼故不言即位正也故謂繼故不弑也言即位之爲正何也曰先君不以其道終則子弟不忍即位也哀痛之至故不忍行即位之禮繼故而言即位則是與聞乎弑也繼故而言即位是爲與聞乎弑何也曰先君不以其道終已正即位之道而即位是無恩於先君也推其無恩則知與弑也此明統例耳與弑尚然況親弑者○與聞音豫下文及注與弑皆同〔疏〕注推其至弑者○釋曰桓是親弑之主而傳論與弑之事故知傳意本明統例爾故云與弑尚然況親弑者○三月公會鄭伯于垂垂衛地也傳例曰往月危往也桓大惡之人故會皆月以危之〔疏〕注垂衛至危之○釋曰傳例者定八年傳文也此三月公會鄭伯于垂二年三月公會齊侯陳侯鄭伯于稷是會皆月以危之會者外爲

主焉爾鄭伯所以欲爲此會者爲易田故○爲易于僞也〔疏〕會者至焉爾○釋曰重發傳者嫌易田與直會異故也○鄭伯以璧假許田假不言以言以非假也實假則不應言以璧非假而曰假諱易地也禮天子在上諸侯不得以地相與也諸侯受地於天子不得自專無田則無許可知矣不言許不與許也但言以璧假許而不繼田則許屬鄭也今言許田明以許之田與鄭不與許邑也諸侯有功則賜田以禄之若可以借人此蓋不欲以實言○借子夜反許田者魯朝宿之邑也邴者鄭伯之所受命而祭泰山之邑也用見魯之不朝於周而鄭之不祭泰山也朝天子所宿之邑謂之朝宿泰山非鄭竟内從天王巡守受命而祭也擅相換易則知朝祭並廢○魯朝直遙反下皆同邴彼病反又音丙見賢徧反竟音境從在用反守音狩擅市戰

反換一本亦作追胡喚反【疏】許田至山也○釋曰經文無邴而傳言之者經諱易天子之地故以璧假爲文若以地易地不得云假故經無邴文傳本魯鄭易田之由五得不言邴也先儒解左氏者皆以爲鄭受天子祊田爲湯沐之邑後世因立桓公武公之廟故謂之泰山之祀案此傳及注意則以爲祭泰山之邑謂從王巡狩受命而祭泰山也羊以爲田多邑少稱田邑多田少稱邑左氏無傳或當史異辭穀梁以爲言田者則不德其邑是三傳之說各異也○夏四月丁未公及鄭伯盟于越越衛地也及者內爲志焉爾越盟地之名也○秋大水禮月令曰季秋行夏令則其國大水大水例時【疏】注大水例時○釋曰莊七年與此皆云秋大水不書月是例時也高下有水災曰大水○冬十月無事焉何以書不遺時也春秋編年四時具而後爲年編録○編必連反字林聲類韻集皆布千反史記音義甫連反

二年春王正月戊申宋督弒其君與夷宋督宋之卑者卑者以國氏○督丁毒反與如字又音餘〔疏〕注宋督至國氏○釋曰知是卑者祝吁弒其君取國傳以失如言之履踰來逆傳稱進之也此督與宋萬既不取國又無可進明卑者可知也桓無王其曰王何也正與夷之卒也諸侯之卒天子所隱痛篡逆之人王法所宜誅故書王以正之

及其大夫孔父孔父先死其曰及何也書尊及卑春秋之義也邵曰會盟言及別內外也尊卑言及上下序也○別彼列反〔疏〕注邵曰至序也○釋曰及有二義故范引邵云會盟言及別內外也尊卑言及上下序也別內外者謂魯與他人會盟皆先魯以及他若隱元年公及邾儀父盟于眛及宋人盟于宿是也上下序者此孔父荀息仇牧皆先言君後言臣是也

孔父之先死何也督欲弒君而恐不立於是乎先殺孔父孔父閑也閑謂扞禦○殺並如字扞下旦反何以知

其先殺孔父也曰子既死父不忍稱其名臣既死君不忍稱其名以是知君之累之也累謂從也〔疏〕知君之累之也○釋曰糜信云累者從也謂孔父先死殤公從後被弒范注雖不明理亦當然也孔氏○父字謚也孔父有死難之勳故其君以字爲謚○難乃旦反〔疏〕孔氏父字謚也○釋曰孔父新死未葬而得有謚者舊解謂三月既葬之後嗣君謚之但赴者以正月者亂故書弒在前使者以葬後始來故得稱謚或當孔父以字爲謚得據後言之故云字謚也○注孔父至爲謚○釋曰謚者大夫之常事而云死難之勳者字者褒德非可虛加若使孔父無死難之勳唯有凡平之謚焉得以字爲之文傳特言字謚也明知有義故注者原之或曰其不稱名蓋爲祖諱也孔子故宋也孔子舊是宋人孔父之玄孫○爲于僞反〔疏〕注孔子至玄孫○釋曰案世本孔父嘉生木金父木金父生祁父其子奔魯爲防叔生伯夏伯夏生叔梁紇叔梁紇生仲尼是孔父嘉爲孔子六世祖范云玄孫者以玄者親之極至來孫昆孫之等亦得通

稱之亦如左傳蒯聵禱文王稱曾孫之類是也○滕子來朝隱十一年稱侯今稱子蓋時王所黜【疏】注隱十至所黜○釋曰周公之制爵有五等所以擬其黜陟今傳無貶爵之文明降爵非春秋之義又且此時周德雖衰尚爲天下宗主滕今降爵明是時王所黜也○三月公會齊侯陳侯鄭伯于稷以成宋亂稷宋地也以者內爲志焉爾公爲志乎成是亂也欲會者外也欲受賂者公也【疏】以者至焉爾○釋曰十四年傳云以者不以者也僖二十一年傳云以重辭也此傳云以者內爲志焉爾則以有三種之義范於僖二十一年以注云以有二義矣者以內爲志焉與不以者正是一事耳以成宋亂者公也非諸侯故也是以云內爲志焉爾其實以者仍是不以之例故注彼爲二事焉○注欲會至公也○釋曰以經言會故知欲會者外也以者內爲志故知欲受賂者公也此成矣取不成事之辭而加之焉於內之惡而君子無遺焉爾取不成事之辭謂以成宋亂也桓姦逆之人故極言其惡無所

遺漏也。江熙曰：春秋親尊皆諱，蓋患惡之不可掩，豈當取不成事之辭以加君父之惡乎？案宣四年公及齊侯平莒及郯，傳曰：平者，成也。然則成亦平也。公與齊、陳、鄭欲平宋亂而取其賂鼎，不能平亂，故書成宋亂，取郜大鼎納于大廟，微旨見矣。尋理推經，傳似失之。徐邈曰：宋雖已亂，治之則治，治亂成不繫此一會。若諸侯討之，則有撥亂之功；不討，則受成亂之責，辭豈虛加也哉？春秋雖受親尊者諱，然亦不沒其實，故納鼎于廟，躋僖逆祀，及王室之亂，昭公之孫，皆指事而書。哀七年傳所謂有一國之道者，有天下之道者也。君失社稷，猶書而不隱，況今四國羣會，非一人之過，以義致譏，輕於自已兆亂，以此方彼，無所多怪。○郯音談。大廟音泰，下文及注同。見，賢徧反。躋，子兮反。【疏】注「取不至多怪」。釋曰：江熙云「微旨見矣」者，傳意成宋辭者，謂成就宋亂。江熙以爲加君父之惡大，初故以成成爲平，直書取郜大鼎納於大廟，足以示譏，是微旨見矣。言此傳成亂之辭爲微旨。徐邈引傳所謂有一國之道云云者，言諸侯專一國，猶似天子專天下，其有失社稷，猶得書之，故此亦得云成宋辭也。

○**夏四月，取郜大鼎于宋。戊申，納于太廟。**傳例曰：納者，内不爲也。日之，明惡甚也。太廟，周公廟。○郜，古報反。【疏】注「傳例至」

公廟○釋曰宣十一年傳文也然此傳亦有弗受之文而引傳例者凡傳言内弗受者指說諸侯相入之例今此言不受者謂周公也恐其不合故引例以明之**桓内弑其君外成人之亂受賂而退以事其祖非禮也其道以周公爲弗受也郜鼎者郜之所爲也曰宋取之宋也**此鼎本郜國所作宋後得之**以是爲討之鼎也**討宋亂而更受其賂鼎○爲討之鼎如字蘗氏云討或作糾**孔子曰名從主人物從中國故曰郜大鼎也**主人謂作鼎之主人也故繫之郜物從中國謂是大鼎

〔疏〕名從至大鼎也○釋曰名從主人者謂本是郜作繫之於郜物從中國者謂鼎在宋從宋號也言物從中國者廣例耳通夷狄亦然其意謂鼎名從作者之主人不問華戎皆得繫之若左傳稱甲父之鼎是也物從中國者謂中國號之大鼎縱夷狄亦從中國之號不得改之若傳稱吳謂義稻爲伊緩夷狄謂大原爲大鹵以地形物類須從中國之號故不得謂之伊緩大鹵也何休云周家以卅孝

天瑞之鼎諸侯有世孝者天子亦作鼎以賜之禮祭天子九鼎諸侯七卿大夫五元士三也故郜國有之○秋七月紀侯來朝隱二年稱子今稱侯蓋時王所進○紀侯左氏作杞侯朝時此其月何也據隱十一年春滕侯薛侯來朝稱時桓內弒其君外成人之亂於是爲齊侯陳侯鄭伯討數日以賂桓既罪深責大乃復爲三國討數至日以責宋賂○爲齊于僞反下同數色主反注同復扶又反已即是事而朝之惡之故謹而月之也已紀也桓與諸侯校數功勞以取宋賂不知非之爲非貪愚之甚紀不擇其不肖而就朝之○惡烏路反[疏]謹而月之也○釋曰桓雖不君臣不得不臣所以極言君父之惡以示來世者桓既罪深責大若爲隱諱使是長無道之君使縱以爲暴故春秋極其辭以勸善懲惡也○注已紀也○釋曰桓十三年注云紀當爲已與此異者觀經而說故兩注不同○蔡侯鄭伯會于鄧鄧某地○某地不知其國故云某後放此○九月入杞我入之也

不稱主名內之卑者【疏】我入之也○釋曰何嫌非我而發傳者以隱八年云我入邴此直云入杞恐非我故發之

○公及戎盟于唐○冬公至自唐告廟曰至傳例曰致君者始其往而喜其反此致君之意義也離不言會故以地致【疏】注告廟至地致○釋曰傳例者襄二十九年傳文也離不言會者即左傳所云特相會往來稱地亦此類也

桓無會而其致何也遠之也桓會甚衆而曰無會善無致會也弑逆之罪非可以致宗廟而今致者危其遠會戎狄喜其得反【疏】注桓會甚衆○釋曰謂元年會于垂二年會于稷是也

三年春正月公會齊侯于嬴嬴齊地嬴音盈○夏齊侯衛侯胥命于蒲蒲衛地胥之爲言猶相也相命而信諭謹言而退以是爲近古也中約言以相達不歃血而誓盟古謂五帝時○近附近之近約如字又於妙反歃本又作喢所洽反【疏】注古謂五帝時○釋曰知古非

三王者以傳云誥誓不及五帝盟詛不及三王今謹言而退非誥誓之辭相命而信諭無盟詛之事二國能行三王五帝之法而傳云近古明知謂五帝也

是必一人先其以相言之何也

不以齊侯命衛侯也江熙曰夫相與親比非一人之德是以同聲相應同氣相求齊衛胥盟雖有先倡倡和理均若以齊命衛則功歸于齊以衛命齊則齊僅隨從言其相命則泯然無際矣○比毗志反應應對之應僅巨靳反泯亡忍反〔疏〕注同聲至相求○釋曰易文言文也今二國相命則大者宜倡小者宜和大則齊也小則衛也故傳云不以齊侯命衛侯也明齊大也但倡和理均故直以相命言之倡則同聲相應和則同氣相求聲氣相通而相命之情見矣○六月公會杞侯于郕郕魯地○郕音成○秋

七月壬辰朔日有食之既言日言朔食正朔也朔日食也既者盡也有繼之辭也盡而復生謂之既○復音扶又反

〔疏〕既者盡也○釋曰其日食或盡或不盡者歷家之說以爲交正在朔則日食既前後望月不食交正在望則月

食既前後朔日不食○公子翬如齊逆女翬稱公子者桓不以爲罪人也逆女親者也使大夫非正也九月齊侯送姜氏于讙已去齊國故不言女未至于魯故不稱夫人讙魯地月者重錄之○于讙音歡〔疏〕使大夫非正也釋曰重發傳者嫌諭外之始翬是內之初故重發以明外內不異也禮送女父不下堂母不出祭門諸母兄弟不出闕門祭門廟門也闕兩觀也在祭門之外○觀古亂反父戒之曰謹慎從爾舅之言母戒之曰謹慎從爾姑之言諸母般申之曰謹慎從爾父母之言般囊也所以盛朝夕所須以備舅姑之用○般步干反一本作鞶音同盛音成

〔疏〕注般囊至之用○釋曰士婚禮云父送女命之曰戒之敬之夙夜無違命母施衿結帨曰勉之敬之夙夜無違宮事庶母及門內施般申之以父母之命曰敬恭聽宗爾父母之言夙夜無愆示諸衿般鄭玄云般囊也男子般革婦人

般絲所以盛帨巾之屬爲謹敬也後戒辭與此不同此注又與鄭異者彼是士禮此即是諸侯之禮故異辭也般盛帨巾亦得備舅姑之用則范鄭二注不有違也或以爲傳并釋禮意故與本文不同也引此戒辭及上父母不出祭門諸母兄弟不出闕門者並證送女踰竟非禮之事也凡親迎之禮必在廟也故云不出祭門言不出闕門者則已出廟門之外矣

送女踰竟非禮也　○踰竟音境　公會齊侯于讙無譏乎　齊侯送女踰竟遂至于讙嫌會非禮之人當有譏　曰爲禮也齊侯來也公之逆而會之可也　爲親迎之禮　夫人姜氏至自齊其不言翬之以來何也　據宣元年遂以夫人婦姜至自齊　公親受之于齊侯也　重在公　子貢曰冕而親迎不已重乎　冕祭服　○迎魚敬反　一本作逆　孔子曰合二姓之好以繼萬世之後何謂已重乎　○好呼報反

【疏】子貢至重乎　○釋曰引之者以

齊侯送女公親受之於禮爲可故發晃而親迎之問○冬齊侯使其弟年來聘

○有年有年例時〔疏〕注有年例時○釋曰凡書有年者冬下穀畢入計用豐足然後書之不可繫以日月故例時也宜十六年冬大有年亦時是其證也五穀皆熟爲有年也

四年春正月公狩于郎春而言狩蓋用冬狩之禮蒐狩例時而此月者重公失禮也莊四年冬公及齊人狩于郜傳曰齊人者齊侯也其曰人何也卑公之敵所以卑公也然則言齊人者所以人公則譏已明矣狩得其時故不月〔疏〕注春而至不月○釋曰周禮有四時之田春蒐夏苗秋獮冬狩皆用夏之四仲之月然周正月則是夏之十一月故左氏以此狩爲得時今范云春而言狩蓋用冬狩之禮以爲失時者蓋周公未制禮之時權用此法故得時節不同其名亦異仲尼脩春秋改周之文從殷之質因以爲春秋制也故何休注公羊亦云夏時不田春秋制也范以春狩爲失時又云蒐狩例時者昭八年秋蒐于紅又莊四年冬狩得其時雖譏公而不月是例時也左傳周禮爾雅並云春曰蒐夏曰苗秋曰獮冬曰狩公羊之文則春曰苗秋曰蒐冬曰狩此傳之文則春曰田夏曰苗秋曰蒐

冬曰狩所以文不同者左氏之文是周公制禮之名二傳之文或春秋取異代之法或當天子諸侯别法經典散亡無以取正也

四時之田皆爲宗廟之事也春曰田取獸於田○爲于僞反**夏曰苗**因爲苗除害故曰苗**秋曰蒐**蒐擇之舍小取大○蒐所由反麋氏本又作搜音同舍音捨**冬曰狩**狩圍狩也冬物畢成獲則取之無所擇

【疏】注冬物至所擇○釋曰四時田獵若用時王之正則周之冬是夏之秋而云畢成者冬是一揔名周之十二月夏之十月萬物已收故得以畢成言之

四時之田用三焉唯其所先得一爲乾豆上殺中心死速乾之以爲豆實可以祭祀○中丁仲反下同

【疏】注上殺至祭祀○釋曰何休云自左膘射之達于右䏶中心死疾故乾而豆之以薦宗廟豆祭器名狀如鐙天子二十有六諸公十有六諸侯十有二卿上大夫八下大夫六士三也大夫以上禮器之文士三者相傳爲說

二爲賓客次殺射髀骼死差遲○射食亦反髀步啓反又必邇反骼若嫁反差初賣反

【疏】注次殺至差遲○釋曰何休云自左膘射之達於右髀遠心死難故

爲次殺毛傳云次殺者射右耳本次之今注云射髀髂則與彼異也髀髂者案儀禮髀骨膝以上者是也**三爲**下殺中腸汙泡死最遲先宗廟次賓客後庖廚尊神敬客之義○庖步交反汙汙穢之泡普交反又百交反**充君之庖**疏注下殺至之義○釋曰何休云自左膘射之達於右髃毛傳云左髀達於右髃爲下殺此云中腸同彼二說並無妨也

○夏天王使宰渠伯糾來聘宰官也渠氏也天子下大夫老故稱字下無秋冬二時甯所未詳疏注宰官至未詳○釋曰公羊傳曰伯糾者何下大夫也何休云稱伯者上敬老也今范亦同之矣何休之意又以爲伯仲叔季之字配采地及氏者皆爲上大夫則祭伯南季之類是也兼名及字配官氏者則爲下大夫即此宰渠伯糾叔服之類是也范雖直以叔服爲字觀上下之注義亦似然故此注云伯糾下大夫文元年注毛伯天子上大夫也隱九年注南季天子上大夫是其說耳何休又云桓無王而行天子不能誅反下聘之故去二時以見貶范以五年亦使臣聘何以四時皆具七年不遣臣聘何因亦無二時故直云甯所未詳也

五年春正月甲戌己丑陳侯鮑卒鮑卒何爲

以一日卒之春秋之義信以傳信疑以傳疑明實録也。傳直專反陳侯以甲戌之日出己丑之日得不知死之日故舉二日以包也國君獨出必辟病潛行。必辟音避

疏甲戌至鮑卒。釋曰公羊以爲鮑之狂故甲戌日亡己丑日死孔子疑之故以二日卒之此傳之意本又作避言陳侯辟病以甲戌日出己丑之日得之不知死之日故舉二日以包之左傳以爲再赴故兩日並書是三傳異說。信以至包也。釋曰既云信以傳信疑以傳疑則是告以虛事而注云實録者告以實則以一日卒之告以虛則二日卒之二者皆是據告而即是實録之事

○夏齊侯鄭伯如紀外相如不書過我則書例時。○過我古禾反下文及注同

疏注外相至例時。○釋曰過我者約州公之傳得知也然紀國在齊之東鄭在魯之西北鄭欲如紀則直過齊何以二君並得過魯者蓋齊侯出竟西行而逢鄭伯遂與至紀途過於魯故得記之知例時者此與州公皆不書月故知之

○天王使任叔之子來聘任叔天子之大夫。

任叔音壬左氏作仍叔任叔之子者錄父以使子也故微其君臣而著其父子不正父在子代仕之辭也錄父使子謂不氏名其人稱父言子也君闇劣於上臣苟進於下蓋參譏之

【疏】注參譏之 釋曰君闇劣於上臣苟進於下止是二譏而言參者舊解傳言微其君臣而著其父子是刺其父之不肖而令苟進更又刺其君臣故曰參譏之或以爲參者交互之義不讀爲三理亦得通城祝丘者左氏之例凡城邑則有時與不時之例此傳則不然但書之者即是譏責故注云譏公不脩德政恃城以安民

○葬陳桓公○城祝丘譏公不脩德政恃城以安民

○秋蔡人衛人陳人從王伐鄭王親自伐鄭○從才用反又如字下同

【疏】注王親自伐鄭○釋曰以舉從者之辭嫌非自伐故云親自伐鄭

舉從者之辭也使若王命諸侯伐鄭書從王命者三國也

【疏】舉從者之辭也 釋曰麋信曰舉從者之辭謂解經稱人也徐邈云舉從者之辭謂王不能以威致三國三國自以義從耳范以二者不通故爲别解言舉

從者之辭謂若王不親伐直舉三國從王命之辭也故其八
下句云其舉從者之辭何也爲天王諱伐鄭也是也

舉從者之辭何也爲天王諱伐鄭也○諱自伐鄭 爲于僞
反

鄭同姓之國也在乎冀州於是不服爲天子病矣鄭姬姓之國冀州則近京師親近猶不能服則疏遠者可知○冀州案鄭本京兆鄭縣是雍州之域後從河南新鄭爲豫州之境冀在兩河之間非鄭都也冀州言去京師近也麋氏云韓侯滅鄭韓都冀州故以目鄭近附近之

疏在乎冀州○釋曰徐邈云新鄭屬冀州案爾雅兩河間曰冀州新鄭在河南不得屬冀州是徐之妄也麋信云鄭在冀州者韓哀侯滅鄭遂都之韓故晉也傳以當時言之遂云冀州然則王伐鄭之時本未有韓國何得將後代之事以爲周世之名若以韓侯從冀州都鄭則曰冀州大伯從雍州適吳豈得謂吳爲雍州也是麋信之謬矣蓋冀州者天下之中州自唐虞及夏殷皆都焉則冀州是天子之常居以鄭近王畿故舉冀州以爲說故鄒衍著書云九州之内名曰赤縣赤縣之畿從冀州而起故後王雖不都冀州亦得以冀州言之

○大雩雩者旱祭請雨之名

傳例曰雩得雨曰雩不得雨曰旱月雩正也時雩不正也禮月令曰仲冬行夏令則其國乃旱○雩音于祭名

疏注雩者至乃旱○釋曰何休云祭言大雩大旱可知也君親之南郊以六事謝過自責曰政不一與民失職與宮室榮與婦謁盛與苞苴行與讒夫倡與使童男女各八人舞而呼雩故謂之雩賈逵云言大雩者別於山川之雩左氏說不爲旱者亦稱大雩則雩稱大者或如賈言也名之爲雩者鄭玄云雩之言吁也吁嗟以求雨服虔杜預以爲雩之言遠也遠爲百穀祈膏雨也未知二說誰當范言天爲大旱以六事謝過或如何說舞而吁雩理恐不然云傳例曰者僖十一年傳文也云月雩正也時雩不正也定元年傳文此雩不月者何休云譏公驕溢也案穀梁傳意月雩則正時雩則非正不論驕溢之事則何休之言不可通於此也

○螽

蚣蝑之屬禮月令曰仲冬行春令則蟲蝗爲敗○螽音終蚣相容反蝑音揟蝗華盂反

螽蟲災也甚則月不甚則時

疏甚則月○釋曰重發傳者經書時雩非正故不月螽災與之同不月嫌其甚而不月故發以明之

○冬州公如曹外相如不書此其書何也過我也

過我六年寔來是也

將有其末故先錄其本（疏）注過我至其本○釋曰齊侯鄭伯如紀無寔來亦言過我者不必悉有下事此因有下事故以相發明其齊侯鄭伯直途過於魯不入國都故不言寔來也

六年春正月寔來來朝例時月者謹其無禮○寔常式反朝直遥反下七年同（疏）注來朝至無禮○釋曰二年紀侯來朝傳曰朝時此其月何也惡之故謹而月之也彼書月是惡則此月亦惡也今州公不以禮朝又至魯不反是無禮之事故云謹其無禮也寔來者是來也何謂是來謂州公也其謂之是來何也以其畫我故簡言之也諸侯不以過相朝也畫是相過去朝遠○畫音獲注同以過古禾反注同○夏四月公會紀侯于郕○紀侯左氏作杞侯○秋八月壬午大閱蒐閱例時○閱音悅（疏）注蒐閱例時○釋曰傳云謹而日之知不以月爲正而云例時者以四年公狩于郎書月以刺不正故知蒐閱例時也大閱者何閱兵車

也閱爲簡練脩教明諭國道也脩先王之教以明達於民治國之道平而脩戎事非正也邵曰禮因四時田獵以習用戎事存不忘亡安不忘危之道平謂不因田獵無事而脩之其曰以爲崇武故謹而日之蓋以觀婦人也○觀古亂反視也○蔡人殺陳佗陳佗者陳君也其曰陳佗何也匹夫行故匹夫稱之也其匹夫行奈何陳侯憙獵淫獵于蔡與蔡人爭禽蔡人不知其是陳君也而殺之淫獵謂自放恣遺失徒衆○陳佗徒河反行下孟反憙虛記反何以知其是陳君也兩下相殺不道兩大夫相殺不書春秋其不地於蔡也【疏】其不地於蔡也○釋曰宣十八年邾人戕繒子于繒書地今不地故決之云其不地於蔡也言在蔡故不地耳○九月丁卯子同生

子同桓公嫡子莊公○嫡丁歷反或作適**疑故志之**莊公母文姜淫于齊襄疑非公之子【疏】疑故志之○釋曰文姜以桓三年入至今四年矣未有適齊之云而云疑者蓋文姜未嫁之時已與襄公通後桓公殆為妻淫見殺則其閒雖則適魯襄公仍尚往來故疑之也子同生公羊以為久無嫡子喜國有正故書之左傳以為備用大子之禮故書此傳云疑故志之是三傳異也**時曰同乎人也**時人僉曰齊侯之子同於他人○僉七廉反○**冬紀侯來朝**

七年春二月己亥焚咸丘日之謹其惡○惡烏各反【疏】注日之謹其惡○釋曰侵伐圍例時故知書日謹其惡也**其不言邾咸丘何也**據襄元年圍宋彭城言宋**疾其以火攻也**不繫於國者欲使焚邑之罪與焚國同○**夏穀伯綏來朝○鄧侯吾離來朝其名何也**據隱十一年滕薛來朝不名**失國也**禮諸侯不生名失地則名【疏】注禮諸至則名○釋曰曲禮云諸侯不生名失地名滅同

姓名失國則其以朝言之何也據文十二年郕伯來奔不名疏是也注據文至不名○釋曰哀十年邾子益來奔昭二十三年莒子庚輿來奔彼來奔書名彰其失地則與此穀鄧書名同而范不據之文十二年郕伯來奔無名而反據之者以邾莒二國更無所見故依常書名言奔表其失地其郕伯與穀鄧別有所見與常例違故據之以相決何則郕伯不言名而云來奔穀鄧書名而稱朝二者相反故特據之郕伯與魯同姓故不名以表其親言奔以明失國穀鄧與魯有好故言名以彰失國稱朝以見和親但入春秋以來雖無同好之事蓋春秋前有之嘗以諸侯與之接矣雖失國弗損吾異日也待之以初也下無秋冬二時甯所未詳

監本附音春秋穀梁注疏桓公卷第三

新建縣知縣鄭祖琛

浮梁縣知縣劉丙　同栞

穀梁傳注疏卷三挍勘記　阮元撰盧宣旬摘録

桓公　閩監毛本上空一字十行本不空後每公並同

元年

故祠年即位　閩監毛本嗣改踰是也

五得不言邴也　閩監毛本五改不是也

羊以爲田多邑少稱田　羊上脱公字閩監毛本不脱

則不德其邑也　閩監本同毛本德字空浦鏜云得之誤是

二年

宋督　閩監毛本同釋文督本又作晵石經作督

傳以失如言之　閩監毛本如改嫌是也

臣既死君不忍稱其名　石經宋本閩本同監毛本脱此九字

孔氏父字謚也　段玉裁云氏字衍孔父者字謚也字謚者以字爲謚也左傳曰諸侯之制以字爲謚亦見

儀禮鄭注

但赴者以正月者亂　齊召南云月者當作月告

春秋親尊皆諱　閩監毛本諱作諱是也

春秋雖受親尊者諱　閩監毛本受改爲

傳意成宋辭者　閩監毛本辭改亂下成宋辭也同是也

江熙以爲加君父之惡大初　閩監毛本初作切是也

納于太廟　閩監毛本同石經太作大据上條則釋文亦作大

納者内不爲也　閩監毛本爲作受是

於是爲齊侯陳侯鄭伯討數日以賂 閩監毛本同石經討作計

鄧某地 閩監毛本同釋文出厶地云本又作某○按困學紀聞云某或作厶出穀梁注鄧厶地

三年

冬下穀畢入 閩監毛本下作五是也

四年

達于右髃○按依說文當作髃說詳公羊注疏挍勘記

案儀禮髀骨滕以上者是也 閩監毛本滕改𦞂是也

五年

城祝邱者 補案此段疏文當在下經城祝邱注下誤在此城祝至安民是下城祝邱疏錯簡理亦得通下當據毛本訂正

宮室榮與 閩監毛本榮作崇○案荀子大略篇王應麟詩考並作榮

經書時雩非正 閩本同監毛本雩作雨

六年

後桓公殆爲妻淫見殺 閩本同監毛本殆作始何校本作終

穀梁注疏卷三挍勘記終

寧都李楨挍

監本附音春秋穀梁注疏桓公卷四 起八年盡十八年

范甯集解　楊士勛疏

八年春正月己卯烝 春祭曰祠薦尚韭卵夏祭曰禴薦尚麥魚秋祭曰嘗薦尚黍肫冬祭曰烝薦尚稻鴈無牲而祭曰薦薦而加牲曰祭禮各異也先禮祭祀例日得禮者時定八年冬從祀先公是也倍八年秋七月禘于大廟月者謹用致夫人耳禘無違禮○烝之承反曰禴餘若反又作礿黍肫本又作豚徒門反大廟音泰下同

疏注春祭至違禮○釋曰所言四時祭名者周禮大宗伯及爾雅並有其事薦尚韭卵之等禮記王制之文何休云祠猶食也猶繼嗣也春物始生孝子思親繼嗣而食之也礿者麥始熟可礿也嘗者黍先熟可得薦故曰嘗烝衆也所薦衆多芬芳備具故曰烝郭璞等注爾雅與何解四時祭名少異但范之所引者並與何氏同故從何說又云天子四祭四薦諸侯三祭三薦大夫士再祭再薦天子諸侯卿大夫牲用太牢天子元士諸侯卿大夫少牢諸侯之士特豕天子之牲角握諸侯角尺卿大夫索牛此記異聞耳未知范意與之同否定八年冬衛侯鄭伯盟于曲濮下即云從祀先公

是時而不月也得禮例時引定八年爲證失禮例日不引其文者凡烝合在夏之十月是也今正月故何休云祭必於夏之孟月者取其見新物之月是也今正月爲之違月隔年故傳曰春興之志不時也下文夏五月丁丑烝傳曰志不敬也二烝並書日以見非禮此文即是非禮例日之證故不復更引他文其文二年丁卯大事于太廟亦是失禮書日也正月烝傳云不時五月烝傳云不敬也者一失禮尚可故以不時言之再失禮重故以不敬釋之又注云。禘○無違禮案明堂位季夏六月以禘禮祀周公於大廟僖公七月而禘則是不時而云無違者周之七月夏之五月若值月前節卻則以四月相校不多比之隔年再烝失禮尚可故曰無違也文二年八月則是夏之六月而祫嘗者亦是失禮故書日表逆祀及失時也宜八年六月有事于大廟是得時而書日者譏宣公卿死不廢繹也

烝冬事也春興之志不時也○天王使家父來聘家父天子大夫家氏父字〔疏〕注家父至父字。○釋曰何休云中大夫故不稱伯仲范意或然

○夏五月丁丑烝烝冬事也春夏興之黷祀也志不敬也○黷徒木反

○秋伐

邾○冬十月雨雪禮月令曰孟冬行秋令則霜雪不時ㄟ雨于付反○祭公來遂逆王后于紀祭公寰內諸侯爲天子三公者親逆例時不親逆例月故春秋左氏說曰王者至尊無敵無親逆之禮祭公逆王后未致京師而稱后知天子不行而禮成也鄭君釋之曰大姒之家在郃之陽在渭之涘文王親迎于渭即天子親迎之明文矣天子雖尊其于后猶夫婦夫婦敌合禮同一體所謂無敵豈施此哉禮記哀公問曰冕而親迎不已重乎孔子愀然作色而對曰合二姓之好以繼先聖之後以爲天地宗廟社稷之主君何謂已重焉此言親迎繼先聖之後爲天地宗廟社稷之主非天子則誰乎○祭公側界反寰音縣又音環親迎魚敬反注皆同大姒音似大姒文王妃也郃音洽本又作作洽涘音仕愀在九反又親小反之好呼報反【疏】注祭公至誰乎釋曰此注之意言左氏天子不合親迎故引鄭君之釋以明天子合親迎也然文王之逆大姒時爲世子耳得證天子之禮者文王之爲世子而聖賢相配宜爲後王之法故有造舟爲梁又入大雅明天子之法又且魯不祭地而云天地之主是王者親逆之明文也案士昏禮士衣爵弁是助祭之服則大夫以上及五等諸侯冕而親迎亦當用助祭之服也其

不言使焉何也據四年天王使宰渠伯糾稱使〔疏〕注據四至稱使○釋曰此年天王家父來聘五年天王使任叔之子來聘范不據之而遠據四年宰渠伯糾者彼宰是官此公亦是官故也或亦隨便○而言無例矣不正其以宗廟之大事即謀於我故弗與使也時天子命祭公就魯共卜擇紀女可中后者使逆之不復反命○復扶又反遂繼事之辭也其曰遂逆王后故略之也以其遂逆無禮故不書逆女而曰王后略謂不以禮稱之〔疏〕遂繼事之辭也○釋曰依范氏略例凡有十九遂事傳亦有釋之者亦有不釋者此是例之首又天子大夫嫌與諸侯臣異故發繼事之辭莊十九年公子結言遂傳云以輕事遂乎國重辟要盟也理在可知故省文也僖二十八年諸侯遂圍許會溫已訖中間有事必恐不相繼故發傳以明之曹伯襄遂會諸侯圍許恐彼釋而遂與常例異故重發之僖四年遂伐楚恐華成異故重發以同之宣元年楚子鄭人侵陳遂侵宋嫌尊卑異故亦發之宣十八年歸父遂奔齊嫌出奔不得同於繼事故發之襄十二年季孫宿遂入鄆嫌不受命與常例不同故發之自

餘不發者並可知故也　或曰天子無外王命之則成矣四海之濱莫非王臣王命紀女爲后則已成王后不如諸侯入國乃稱夫人或說是

九年春紀季姜歸于京師季姜桓王后書字者中父母之尊姜紀姓爲之中者歸之也中謂關與婚事○之中丁仲反又如字注同與音豫〔疏〕爲之至之也○釋曰劉夏逆王后經不言歸則是魯不關與婚事而范氏略例云逆王后有二者以書逆王后皆由過魯若魯主婚而過我則言歸若不主婚而過我則直言逆雖詳略有異俱是過魯故范以二例揔之○夏四月○秋七月○冬曹伯使其世子射姑來朝朝不言使言使非正也使世子伉諸侯之禮而來朝曹伯失正矣諸侯相見曰朝以待人父之道待人之子以內爲失正矣內失正曹伯失正

世子可以已矣則是故命也父有爭子則身不陷於不義射姑廢曹伯之命可。射音亦麋氏本即作亦朝直遙反伉苦浪反本又作亢爭諫爭之爭〔疏〕言使非正也○釋曰季姬使鄫子來朝復云非正者嫌婦人所使與父命子異故兩見之使世子朝言非正者禮諸侯世子誓於天子攝其君則下其君一等未誓則以皮帛繼子男此謂會同急趨王命者也今曹伯或有疾朝雖闕朝魯未是急事而使世子攝位來朝故云非正也公羊以爲世子不合朝惟左氏以爲得行朝禮

尸子曰夫已多乎道郜曰已止也止曹伯使朝之命則曹伯不陷非禮之愆世子無苟從之咎魯無失正之譏三者正則合道多矣○愆去虔反

十年春王正月庚申曹伯終生卒。桓無王其曰王何也正終生之卒也徐乾曰與夷見弒恐正卒不明故復明之○復扶富反〔疏〕注徐乾至明之○釋曰案范荅薄氏之駁云曹伯亢正治其罪則與徐解不同而引其說者以徐乾之說得通一家故引之范意仍與徐異或以范意權荅薄氏故云譏曹伯

若正說仍與徐同○夏五月葬曹桓公○秋公會衛侯于桃丘弗遇桃丘衛地桓弑逆之人出則有危故會皆月之衛侯不來無危故時弗遇者志不相得也弗內辭也倡會者衛魯至桃丘而衛不來故書弗遇以殺恥

〔疏〕弗遇至辭也○釋曰遇者志相得之名故此弗遇志不相得也弗內辭也者其實魯公弗被遇託言衛侯不遇故云弗內辭也○注倡會至殺恥○釋曰以經書會故知倡會者衛託言衛侯不遇則若衛侯不蒙魯公之接故云殺恥也

○冬十有二月丙午齊侯衛侯鄭伯來戰于郎結日列陳則日傳例曰不日疑戰也○陳直覲反來戰者前定之戰也先已結期戰○先蘇薦反內不言戰言戰則敗也兩敵故言戰春秋不以外敵內書戰則敗不言其人以吾敗也不言及者為內諱也○爲于僞反

〔疏〕來戰至諱也○釋曰內不言戰又發傳者公敗宋師起例之始此戰沒公故重

發例以明之也不言其人者謂不稱公也不言及者謂不云及齊侯衛侯鄭伯也傳與下十七年傳文同但觀經立說故一處有異耳

十有一年春正月齊人衛人鄭人盟于惡曹惡曹地闕○**夏五月癸未鄭伯寤生卒**○寤吾故反○**秋七月葬鄭莊公**莊公殺段失德不葬而書葬者段不弟於王法當討故不以殺親親貶之○弟下並音悌又如字

〔疏〕注不以至貶之○釋曰此據晉侯殺世子申生不言葬而發

○**九月宋人執鄭祭仲**祭氏仲名執大夫有罪者例時無罪者月此月者爲下盟○祭側界反

〔疏〕注祭氏至下盟○釋曰知仲名者以仲立惡黜正無善可褒故知仲名也云有罪者例時者莊十七年春齊人執鄭詹經不書月傳曰以人執與之辭也是執有罪書時之文也言無罪者月者成十六年九月晉人執季孫行父舍之於苕丘彼雖爲危書月亦是無罪之例也今祭仲有罪而經書月故注解之書月者爲下盟耳案襄二十七年秋七月辛巳豹及諸侯之大夫盟於宋書日下云柔會宋公陳侯蔡叔盟于折不日者柔是大夫之未命者也不得同正大夫又下貴於士故雖得

書名仍從卑者之盟不日之例也宋人者宋公也其曰人何也貶之也惡其執人權臣廢嫡立庶○惡烏路反嫡丁歷反○突歸于鄭突鄭厲公昭公之弟莊公之子曰突賤之也曰歸易辭也傳例曰歸爲善自某歸次之此傳曰歸易辭也然則歸有二義不皆善矣突篡兄之位制命權臣則歸無善○易以豉反下文及注同篡初患反

疏注傳例至無善○釋曰成十六年曹伯歸自京師傳云歸爲善注云謂直言歸而不言其國即曹伯歸自京師不言于曹是自來○歸次之注云若蔡季自陳歸于蔡衛侯鄭自楚復歸于衛是據彼傳文則歸爲善今傳曰歸易辭故解之言歸有二意善者謂之歸易者亦謂之歸也是稱歸有二突惡而稱歸是惡辭非善也

祭仲易其事權在祭仲也死君難臣道也今立惡而黜正惡祭仲也易辭言廢立在已○難乃旦反惡烏路反○鄭忽出奔衛忽鄭昭公鄭忽者世子忽也其名失國也其名謂去世子而但稱忽○去起吕

反〔疏〕注其名至稱忽○釋曰鄭忽先君已葬而經不稱世子者穀梁之意先君雖葬而嗣子未踰年亦宜稱子莒即僖二十五年秋葬衛文公冬十有二月癸亥公會衛子莒慶盟于洮是也雖則踰年先君未葬亦不得成君故下十二年丙戌衛侯晉卒十三年衛惠公稱侯而注云衛宣未葬而嗣子稱侯以出其失禮明矣是也計鄭忽父雖葬訖仍未踰年於例宜合稱子但范以忽十五年歸國稱世子復歸故於此決其去世子而但稱忽也稱謂與常例違者此年書名表其失國十五年稱世子明其反正故與常例不同

○柔會宋公陳侯蔡叔盟于折蔡叔蔡大夫名未命故不氏折某地○折之設反又時設反柔者何吾大夫之未命者也〔疏〕柔者至者也○釋曰重發傳者隱不成爲君不爵大夫故俠卒不氏今桓成爲君而有不命大夫嫌有罪則故明之

○公會宋公于夫鍾夫鍾郕地○夫音扶麋氏本鍾作童音鍾

○冬十有二月公會宋公于闞闞魯地○闞口暫反

十有二年春正月○夏六月壬寅公會紀侯

莒子盟于曲池曲池魯地○秋七月丁亥公會宋公燕人盟于穀丘穀丘宋地○燕音煙國名○八月壬辰陳侯躍卒陳厲公也○躍餘若反○公會宋公于虛虛宋地○虛如字又去魚反○冬十有一月公會宋公于龜龜宋地○丙戌公會鄭伯盟于武父武父鄭地○父音甫○丙戌衛侯晉卒再稱日決日義也明二事皆當日也晉不正非日卒者也與不正前見矣隱四年衛人立晉是也與齊小白義同○見賢徧反【疏】再稱至義也○釋曰決日者謂二事決宜書日故經兩舉日文也月則不然縱有兩事合月但舉一月以包之其有蒙日明者則亦不兩舉故范荅薄氏云纓且之卒異於日食之下可知日是也○注明二至義同○釋曰納入立皆篡隱四年書衞人立晉是不正前已見故今書日莊九年書齊小白入於齊是其惡已見故僖十七年小白卒書日與此同也○十有二月及鄭師伐宋丁未戰

于宋非與所與伐戰也非責不言與鄭戰恥不和也於伐與戰敗也内諱敗舉其可道者也於伐宋而與鄭戰内敗也戰輕於敗戰可道而敗不可道〔疏〕非與至者也○釋曰麋信云此傳解經書下日之意也非責魯言責魯又與其所與伐者戰也謂還與鄭戰然則責其還與鄭戰于理是也言解經下日之意則非也何者十三年公會紀侯鄭伯已巳云云戰彼亦下日豈又是責魯乎麋信之說非也蓋責與人同伐反與之交戰是危之道故經舉戰伐以責之既責魯不顯言與鄭戰者諱不和也

十有三年春二月公會紀侯鄭伯已巳及齊侯宋公衛侯燕人戰齊師宋師衛師燕師敗績徐邈曰僖九年傳曰禮柩在堂上孤無外事今衛宣未葬而嗣子稱侯以出其失禮明矣宋陳稱子而衛稱侯隨其所以自稱者而書之得失自見矣○柩其救反見賢徧反〔疏〕注徐邈至見矣○釋曰宋稱子在僖九年陳稱

子在二十八年得失自見者彼二君稱子是其得个衛惠稱侯是其失也僖三十三年晉人及姜戎敗秦師于殽傳云晉人者晉子也不正其釋殯故貶之此衛侯亦釋殯所以不貶者晉爲大國不勞自戰無故釋殯自戰故貶稱人今衛侯初立須求好諸侯今從齊宋之命未是大過故譏而不貶議者據經稱侯即是足見其惡

其言及者由內及之也其曰戰者由外言之也內不言戰言戰則敗今魯與紀鄭同討以有紀鄭故可得言戰

疏其言至之也○釋曰言由內及之也者以文承紀鄭之下恐非獨內及故特言之又且下云其曰戰者由外言之也是戰從外稱及是內辭欲分別二事故內外兩舉傳其不地於紀也者春秋考異郵云時戰在魯之龍門故何休難云在紀無爲不地鄭玄云紀當爲已在龍門城下故不地何休注公羊亦云戰魯龍門兵攻城池恥之故不地是皆以紀爲已非紀國也

戰稱人敗稱師重衆也其不地於紀也春秋戰戰無不地即於紀戰無爲不地也鄭君曰紀當爲已謂在魯也字之誤耳得在龍門城下之戰迫近故不地

○三月葬衛宣公○夏大水○秋

七月○冬十月

十有四年春正月公會鄭伯于曹○無冰皆君不明去就政治紀○緩之所置○五行傳曰視之不明是謂不哲厥咎舒厥罰常燠○無冰○哲陟列反一本作哲之列反燠於六反煖也下文同

[疏]無冰○釋曰舊解傳云無冰時燠也謂無冰書時燠煖也時字上讀爲句因即解成元年正月公即位二月葬宣公三月作丘甲無冰在其中不是爲無冰書月可知也此正月公會鄭伯於曹下云無冰則正月者直爲公會鄭伯不爲無冰何者無冰一時之事固當不得以月書也徐邈亦然今以爲成元年傳云加之寒之辭也則無冰亦當蒙月也傳云無冰時燠也者謂今所以無冰者正由時燠也於字下讀理亦足通○注皆君不明去就政治紀緩之所置五行至罰常燠○釋曰徐邈云無冰者常陽之異此夫人淫泆陰爲陽行之所致也何休注公羊亦然今范云皆君不明去就政治舒緩之所致則非獨爲夫人也蓋爲桓公闇於去就不達是非外不能結好鄰國內不能防制夫人又成亂助篡貪賂廢祀以火攻人反與伐戰此等皆是不能去就政教舒緩故又引洪範五行傳曰視之不明是謂不哲言人君愚

闇察視不明是謂不昭哲也其咎過在於舒緩其天降謂罰常在時燠也無冰時燠也○夏五○夏五本或有月者非鄭伯使其弟禦來盟諸侯之尊弟兄不得以屬通其弟云者以其來我舉其貴者也來盟前定也不日前定之盟不日言信在前非結於今○禦魚呂反本亦作御左氏作語【疏】諸侯至不日○釋曰重發不以屬通例者前弟年來聘今禦來盟嫌不同故重發之此云前定之盟不日則成十一年已丑及郤犨盟是後定可知也孔子曰聽遠音者聞其疾而不聞其舒疾謂澀揚之聲舒謂徐緩望遠者察其貌而不察其形貌姿體形容色立乎定哀以指隱桓隱桓之日遠矣夏五傳疑也孔子在於定哀之世而錄隱桓之事故承闕文之疑不書月明皆實錄○傳直專反【疏】注明皆實錄○釋曰言孔子承闕文之疑不止夏五

一事故云皆也。○秋八月壬申，御廩災。御廩藏公所親耕以奉粢盛之倉也。內災例日。○廩力甚反。［疏］注御廩至例日。○釋曰：御廩者，藏公所親耕之物，御用於宗廟，故謂之御廩。祭義云：古者天子爲藉千畝，冕而朱紘，躬秉耒；諸侯爲藉百畝，冕而青紘，躬秉耒，以事天地山川社稷先古。是公所親耕也。內災例日者，成三年甲子新宮災，此云壬申御廩災，是例日也。乙亥，嘗。御廩之災不志，以其微。［疏］注以其微。○釋曰：舊解云災是大事，嘗亦不小，而云微者，周之八月，夏之六月，其六月之末，容得並秋之節祭，未足可書，比之災則爲微，當合舉重，而今並書之者，是未易災之餘，可志而已，見其不敬，故兼志之。如此解，則傳云御廩之災不志者，謂不當兼志之也。今以爲微者，直謂御廩災也。故徐邈云不足志是也。徐又云而嘗可也，言可以嘗，可上屬，與范注違，不得取之。此其志何也？以爲唯未易災之餘而嘗可也，志不敬也。鄭嗣曰：唯以未易災之餘而嘗，然後可志也。用火焚之餘以祭宗廟，非人子所以盡其心力，不敬之大也。○盡，津忍反。天子親耕以共粢盛，天子親耕其禮三推黍稷曰粢在器曰盛○共音恭一本作供粢音咨推昌誰反一音他回反【疏】注天子至曰盛釋曰月令天子於孟春之月乃擇元辰天子親載耒耜措之參保介之御間師三公九卿諸侯大夫躬耕帝藉天子三推公五推卿諸侯九推是其文也

王后親蠶以共祭服

王后親蠶齊戒躬桑夫人三繅遂班三宮朱綠玄黃以爲黼黻文章服既成君服以祀之○齊戒側皆反本亦作齋繅先刀反黼音甫亦作黼黻音弗俗作紱【疏】注王后至祀之○釋曰王后親蠶齊戒躬桑月令文夫人三繅遂班三宮云云祭義文故彼云古者天子諸侯必有公桑蠶室近川而爲之築宮仞有三尺棘牆而外閉之及大昕之朝君皮弁素積卜三宮之夫人世婦之吉者使入蠶于蠶室奉種浴于川桑于公桑風戾以食之鄭玄云大昕季春朔日之朝也諸侯夫人三宮半王后也又云及良日夫人繅三盆手遂布于三宮夫人世婦之吉者使繅遂朱綠之玄黃之以爲黼黻文章服既成君服以祀先王先公敬之至也鄭玄云三盆手者三淹也凡繅每淹大揔而手振之以出緒也是也

國非無良農工女也以爲人之所盡事其祖禰不若以己所

自親者也凱曰：夫治人之道，莫急於禮。禮有五經，莫重於祭。祭者，非物自外至者也，由中出者，身致其誠信，然後可以交於神。〔疏〕注「禮有」至「道也」。○釋曰：《祭統》明祭之道也。○禰，乃禮反。〔疏〕文鄭玄云：五經者，吉、凶、賓、軍、嘉也。莫重於祭，謂以吉禮爲首也。《大宗伯職》曰「以吉禮事邦國之鬼神祇」。何用見其未易災之餘而嘗也？曰甸粟而内之三宫，三宫米而藏之御廩。甸，甸師，掌田之官也。三宫，三夫人也。宗廟之禮，君親割，夫人親舂。○親舂，傷容反。〔疏〕注「甸甸」至「親舂」。○釋曰：傳言甸粟，知是掌田之官也。《禮》王后六宫，諸侯夫人三宫也，故知三宫是三夫人宫也。《禮》宗廟之禮，君親割，夫人親舂者，文十三年傳文。傳兼甸之事焉者，納粟者甸師，而夫人親舂，是兼之也。夫嘗必有兼甸之事焉。夫人親舂，是兼甸之事。○兼甸，如字，一本作旬，十日爲旬，注亦然。壬申，御廩災。乙亥，嘗，以爲未易災之餘而嘗也。鄭嗣曰：壬申、乙亥相去四日，言用日至少而功多，明未足及易而嘗。○冬，十有二月，丁巳齊侯祿父卒○宋人以齊人蔡人衞人陳人伐鄭以者不以者也民者君之本也使人以其死非正也不以者謂本非所得制今得以之也刺四國使宋專用其師輕民命也○刺七賜反

十有五年春二月天王使家父來求車古者諸侯時獻于天子以其國之所有故有辭讓而無徵求求車非禮也求金甚矣文九年毛伯來求金【疏】求車至甚矣○釋曰求賻求金並發傳者以所求不同故各發之不云求賻甚而云求金甚者喪事有賻但求之非禮金非喪所供故以爲甚傳反正也者釋其稱世子也○三月乙未天王崩桓王○夏四月己巳葬齊僖公○五月鄭伯突出奔蔡譏

奪正也禮諸侯不生名今名突以譏之○鄭世子忽復歸于鄭反正也○許叔入于許傳例曰大夫出奔反以好曰歸以惡曰入〔疏〕注傳例至曰入釋曰莊九年傳文許叔許之貴者也莫宜乎許叔其曰入何也其歸之道非所以歸也泰曰許國之貴莫過許叔叔之宜立又無與二而進無王命退非父授故不書曰歸同之惡入○公會齊侯于蒿○蒿左氏作艾公羊作鄗○邾人牟人葛人來朝何休曰桓公行惡而三人俱朝事之三人爲衆衆足責故夷狄之○行下孟反又如字○秋九月鄭伯突入于櫟櫟鄭邑也突不正書入明不當受○櫟力狄反〔疏〕注櫟鄭至當受○釋曰案齊小白入于齊傳曰以惡曰入衛侯朔入衛傳曰入者內弗受也蓋舊爲國君而入者則是內不受若衛侯朔入于衛鄭伯突入于櫟是也公子不正取國者則是以惡故曰入若許叔入于許齊小白入于齊是也觀范之注其事必然但舊無此解不敢輒定或當以惡入者即內不當受傳

文互舉之其實不異理亦通耳○冬十有一月公會宋公衛侯陳侯于袲伐鄭袲宋地○袲昌氏反地而後伐疑辭也非其疑也鄭突欲篡國伐而正之義也不應疑故責之

十有六年春正月公會宋公蔡侯衛侯于曹

○夏四月公會宋公衛侯陳侯蔡侯伐鄭蔡常在衛上今序陳下蓋後至【疏】注蔡常至後至○釋曰桓五年蔡人衛人陳人從王伐鄭此春公會宋公蔡侯衛侯于曹是蔡常在衛上今在下故知後至○秋七月公至自伐鄭桓無會其致何也危之也桓公再助篡伐正危殆之甚喜得全歸故致之【疏】注桓公至致之釋曰公與諸侯此年爲突伐鄭前年雖爲忽討突疑而不用心亦是其助故云再助也范范荅薄氏駮云明桓伐突非本心故言再助是也范必知前年爲忽伐鄭而此年爲突伐鄭者以前年責其疑若是伐嫡而疑則不足可責明是爲忽討突

也此年傳云桓無會其致何也危之也若是助嫡則不須云危故知是助突討忽也○冬城向○向舒尚反○十有一月衛侯朔出奔齊朔惠公名朔之名惡也天子召而不往也【疏】朔之至往也○釋曰不云失地而言惡者以朔不奉王命重於失地故直云惡也

十有七年春正月丙辰公會齊侯紀侯盟于黃黃齊地○二月丙午公及邾儀父盟于趡趡魯地○趡翠軌反○夏五月丙午及齊師戰于郎內諱敗舉其可道者也敗恥大戰恥小○戰于郎左氏作干奚不言其人以吾敗也言人則微者敗於微者其恥又甚故言師不言及之者爲內諱也敗當有人公親帥之恥有不可言○爲于僞反【疏】注公親帥之○釋曰知非御帥而言公者春秋之義唯爲親尊

諱不爲卿諱又傳去爲內諱則是公可知○六月丁丑蔡侯封人卒○秋八月蔡季自陳歸于蔡蔡季蔡之貴者也自陳陳有奉焉爾陳以力助○癸巳葬蔡桓侯徐邈曰葬者臣子之事故書葬皆以公配謚此稱侯蓋蔡臣子失禮故即其所稱以示過【疏】葬蔡桓侯○釋曰何休云蔡季賢而桓侯不能用故抑之杜預云疑謬誤范以爲臣子失禮稱侯既就其所稱以示過三傳無文各以意說○及宋人衛人伐邾○冬十月朔日有食之言朔不言日食既朔也既盡也盡朔一日至明日乃食是月二日食也【疏】注既盡至食也○釋曰知二日者以傳云食既朔也言食盡朔是二日明矣

十有八年春王正月公會齊侯于濼此年書王以王法終治桓之事○濼力沃反又音洛舊音匹沃反公與夫人姜氏遂如齊公本與夫

人俱行至濼公與齊侯行會禮故先書會濼既會而相隨至齊故曰遂遂繼事之辭他皆放此濼之會不言及夫人何也據夫人實在當言公及夫人姜氏會齊侯于濼〔疏〕注據夫至于濼○釋曰決僖公十一年公及夫人姜氏會齊侯于陽穀是也公羊以爲此不言及夫人外公也左氏無正文或當以公男女無別故不言及並與穀梁異以夫人之伉弗稱數也濼之會夫人驕伉不可言及故舍而弗數今書遂如齊欲錄其致變之由故不可以不書實驕伉而不制故不言及○伉本又作亢苦浪反數色租反舍音捨○夏四月丙子公薨于齊夫人與齊謀殺之不書諱也魯公薨正與不正皆日所以別內外也○別內外彼列反其地於外也薨稱公舉上也公五等之上〔疏〕其地至上也○釋曰據隱閔不地故決之也其外諸侯之卒皆不言公尊內故舉五等之上也丁酉公之喪至自齊○秋七月○冬十有二月己丑葬我君桓公葬我君接上下也

言我君舉國上下之辭【疏】葬我至下也○釋曰公者臣子之稱也我君者接及舉國上下之辭**君弒**

賊不討不書葬此其言葬何也據隱公不書葬**不責**

踰國而討于是也禮君父之讎不與共戴天而曰不責踰國而討于是者時齊強大非

已所討君子即而恕之以申臣子之恩【疏】不責至是也○釋曰不責其討而譏其狩于郜者齊魯大小不敵故

恕而免之公雖不能報理當絕交而與之同狩故譏之也**桓公葬而後舉謚謚所**

以成德也於卒事乎加之矣謚者行之迹所以表德人之終卒事畢於

葬故於葬定稱號也昔武王崩周公制謚法大行受大名小行受小名所以勸善而懲惡禮天子崩稱天命以謚之諸侯

薨天子謚之卿大夫卒受謚於其君○行之下孟反下同稱尺證反【疏】注謚者至其君○釋曰以左傳無駭卒羽

父請謚於隱公是大夫謚諸侯賜之諸侯既上有王者故知天子賜之禮記云天子稱天以誄之又公羊說天子謚於南

郊在天子上者唯天耳故知稱天命以謚**知者慮義者行仁者守有此**

三者備然後可以會矣桓無此三者而出會大國所以見殺○知音智守如字又音狩【疏】知者至會矣○釋曰復發傳者隱公表會戎之危此明桓公見殺之事故重發之也

監本附音春秋穀梁注疏桓公卷第四

清嘉慶二十年重栞
用文選樓藏本校

新建縣知縣鄭祖琛
浮梁縣知縣劉　丙　同栞

穀梁注疏卷四挍勘記　　阮元撰盧宣旬摘錄

八年　桓公

礿者麥始熟可礿也　段玉裁云下礿字當作汋說詳公羊挍勘記

禘○無違禮　閩監毛本作言禘無違禮是也

在郜之陽　閩監毛本同釋文出在郜本又作洽案郜即郜誤

夫婦叛合　閩監毛本叛作配○按今儀禮作胖合古本只作半合或作判合

恐華成異　閩監本同毛本成改戎是

九年

則是故命也　閩監毛本同石經故作放段玉裁云太平御覽百四十七卷引同

十年

結日列陳則曰　閩監本同毛本列誤例釋文出列陳

十有一年

舍之於莒丘　於當作于

盟於宋　於當作于

宋人者宋公也　案閩監毛本此文之上例加傳字今無傳字蓋閩本未加監毛本即仍閩本之舊也

自來歸次之　案成公十六年傳來作某

而怪不稱世子者　怪當作經閩監毛本不誤

葬徵文公　徵當作衞閩監毛本不誤

十有二年

虛宋地　閩本同監毛本脫此注

言責魯又與其所與伐者戰也 閩監毛本同何校本又作反

十有四年

政治紀緩之所置 閩監毛本紀作舒置作致是也疏引同

舊解傳云 閩監毛本云作文

其天降譴罰 閩監毛本同浦鏜云譴當譴誤是也

鄭伯使其弟禦來盟 閩監毛本同石經禦來盟三字漫漶

疾謂溉揚之聲 閩監毛本溉作激是也

師三公九卿諸侯大夫 閩監毛本師作帥是也

夫人三練 閩監毛本練作纁疏同釋文出三纁練乃誤字

必有兼甸之事焉 閩監毛本同石經甸作甸釋文出兼甸云一本作甸注亦然

十有五年

傳反正也者釋其稱世子也閩監毛本同浦鏜云當在下鄭世子忽復歸于鄭傳下

則是以惡故曰入閩監毛本同何校本故作入

十有七年

公及邾儀父盟于趡石經同閩監毛本脱公字

恥大不可言閩監毛本大作有

十有八年

以王法終治桓之事嚴杰云元本左傳桓三年正義引治字上有始字是也

公與夫人姜氏遂如齊閩監毛本同石經無與字

穀梁傳注疏卷四挍勘記終

寧都李楨校

監本春秋穀梁注疏莊公卷第五 起元年盡十八年

范甯集解　楊士勛疏

莊公（疏）魯世家莊公名同桓公之子以莊王四年即位謚法勝敵克壯曰莊

元年春王正月繼弑君不言即位正也（疏）繼弑至正也○釋曰桓繼弑即位非正故此言正以明之傳始人之也既以人道録之又不言氏姓貶之者公以練祭感母不與故以人道録之但以妻殺夫罪同至逆不可不貶故又以人道絶之所以進退見法也計桓公以十八年四月薨至此年三月未是練時而云練祭感母不與者至四月則當練今方至練故感之而思母故何休云月者起練祭左右是其意亦以四月爲練也

繼弑君不言即位之爲正何也 據君不絶

曰先君不以其道終則子不忍即位也○三

月夫人孫于齊 桓公夫人文姜也哀姜有殺子之罪輕故僖元年曰夫人氏之喪至自齊

去姜以貶之文姜有殺夫之罪重故去姜氏以貶之此輕重之差○孫音遜本亦作遜去起呂反下去姜同**孫之爲言猶孫也**孫孫遁而去○遁徒困反**諱奔也接練時録母之變始人之也**夫人初與桓俱如齊今又書者於練時感夫人不與祭故始以人道録之○與祭音豫**不言氏姓貶之也人之於天也以道受命於人也以言受命**臣子則受君父之命婦受夫之命

【疏】傳人之至受命○釋曰天之道臣事君子事父妻事夫也夫者妻之天故曰人之於天也以道受命謂事夫之道也臣子之法當受君父教令故曰於人也以言受命不若於道者天絶之也謂文姜殺夫是不順於道故天當絶之不若於言者人絶之也謂臣子不順君父之命則君父當絶之臣子大受命謂君父既絶天人臣子受君父之命故不得不貶也其注云臣子則受君父之命者解經中以言受命也云婦受夫之命者解以道受命也恐此說非也但舊爲此解不得不述或當人之於天也以道受命謂順天道以事夫也於人也以言受命謂臣受君命也不順於道者天絶之天道妻當事夫今夫人反弑公是不

順天也故天絶之不順於言者人絶之謂婦當受夫之命夫人不受夫命是不順人也故人絶之臣子大受命者臣謂羣下子謂莊公上受命於天下受命於君是大受命也以其受君夫之命故臣子得貶退夫人也**不若於道者天絶之也**若順**不若於言者人絶之也臣子大受命**言義得貶夫人○**夏單伯逆王姬**單姓也伯字○單音善單姓伯字左氏以爲王卿士逆王姬左氏作送王姬**單伯者何吾大夫之命乎天子者也命大夫故不名也**諸侯歲貢士于天子天子親命之使還其國爲大夫者不名天子就其國命之者以名氏通也【疏】注諸侯至通也○釋曰知諸侯貢士于天子者傳稱國高在又何休云大國舉三人次國舉二人小國舉一人是有貢士之法今單伯天子命大夫故不名知書名者就國命之**其不言如何也**據僖二十九年公子遂如京師言如**其義不可受於京師也其義不可受於京師何也曰躬君弑於**

齊使之主婚姻與齊爲禮其義固不可受也禮尊卑不敵天子嫁女于諸侯必使同姓諸侯主之魯桓親見殺于齊若天子命使爲主則非禮大矣春秋爲尊者諱故不可受之于京師○弑又作殺爲尊于僞反下爲之築同（疏）注禮尊至京師○釋曰天子嫁女于諸侯必使同姓諸侯主婚之意者天子與諸侯尊卑不敵若行君臣之禮則廢婚姻之好若行婚姻之好則廢君臣之禮故使諸侯主之

○秋築王姬之館于外築禮也于外非禮也外城外也（疏）于外非禮也○釋曰左氏以爲築于外禮也此云非禮者以主王姬者必自公門出今築之于外則是營衛不固是輕王女故云非禮謂非正禮耳於變禮則通也築之爲禮何也主王姬者必自公門出公門朝之外門主王姬者當設几筵于宗廟以俟迎者故在公門之内築王姬之館○朝之直遙反下於朝同迎魚敬反下同於廟則已尊於寢則已卑爲之築節矣築之外變之正也築之外變

之爲正何也仇讎之人非所以接婚姻也衰麻非所以接弁冕也親迎服祭服者重婚姻也公時有桓之喪○衰七回反弁皮彦反（疏）親迎至之喪○釋曰禮稱冕而親迎是服祭服也弁冕者連言之周禮弁師掌王之五冕故傳亦通言之其不言齊侯之來逆何也不使齊侯得與吾爲禮也（疏）不使至禮也○釋曰二十四年夏公如齊逆女傳云親迎恒事也不志此其志何也不正其親迎於齊也然則不言齊侯之來逆乃是常事不錄而云不使齊侯得與吾爲禮也者春秋之例得常不書莊公親逆是禮而書故知非其逆於齊也今王姬嫁於齊而使魯爲主齊侯如魯親逆當合書經但齊是魯讎不使齊侯得與吾爲禮故不書之耳舊解齊侯親逆不至京師文王親逆不至于洽則天子諸侯親迎皆不至婦家矣今恐不然何者此時王姬魯主婚故不至京師詩稱親迎于渭者爲造舟爲梁張本焉知文王不至大姒之家畧舉所疑遺諸來哲○冬十月乙亥陳侯林卒諸侯日卒正也（疏）日卒正也

○釋曰：重發之者，此共錫命相連，恐日月之爲錫命而錄，故傳明之。○**王使榮叔來錫桓公命**。榮氏，叔字，天子之上大夫也。禮有九錫：一曰輿馬，二曰衣服，三曰樂則，四曰朱戶，五曰納陛，六曰虎賁，七曰弓矢，八曰鈇鉞，九曰秬鬯，皆所以褒德賞功也。德有厚薄，功有輕重，故命有多少。何休曰：「桓弒逆之人，王法所宜誅絕，而反錫命，悖亂天道，故不言天王也。」文五年「王使榮叔歸含且賵」，則曰：含者，臣子之職也，以至尊行卑事，故不言天王也。三月「王使毛伯來會葬」，又曰：刺比失禮，故亦不言天王也。甯案：僖二十四年「天王出居于鄭」，不可最大矣。禮，天子既有賻含之制，傳但譏二事共一使耳，言且所以示譏，一事無再貶之道也。以天王之尊，會人妾祖母之葬，誠失禮矣，孰若使在叔之子來聘，使家父來求車之不可乎？此三者皆言天王，明非義之所存，舊史有詳畧，夫子因而弗革，故知曲說雖巧，致遠則滯矣。○錫，星歷反。賁音奔。鈇，方胡反。鉞音越。秬音巨，黑黍。鬯，勑亮反，香酒也。悖，補對反。含，胡暗反。賵，芳鳳反。刺，七賜反。一使，所吏反。任音壬。滯，乃計反，一本作泥。

【疏】注「禮有」至「多少」。釋曰：九錫者，出禮緯文也。此九錫與周禮九命異。何休注公羊既引九錫之文，即云「百里不過九命，七十里不過七命，五十里不過五命」，其意以九錫即是九命也。今知何説非者案大宗伯以九儀之命正邦國之位一命受職再命受服三命受位四命受器五命受則六命賜官七命賜國八命作牧九命作伯其言與九錫不同明知異也今范引九錫之下直云皆所以褒德賞功也德有厚薄功有輕重故命有多少則亦以九錫異也但此九錫亦是賜命之類故引之或以范亦與何同恐非也白虎通云能安民者賜車馬能富民者賜衣服能和民者賜樂則民衆多者賜朱戶能進善者賜納陛能退惡者賜虎賁能誅有罪者賜鈇鉞能征不義者賜弓矢孝道備者賜秬鬯亦是有功特賜不關九命之事也舊説解九錫之名一曰輿馬大輅戎輅各一玄馬二也二曰衣服謂玄衮也三曰樂則謂軒縣之樂也四曰朱戶謂所居之室朱其戶也五曰納陛謂從中階而升也六曰虎賁謂三百人也七曰弓矢形旅之弓矢也八曰鈇鉞謂大柯斧賜之專殺也九曰秬鬯謂賜秬鬯之酒盛以圭瓚之中以祭祀也

禮有受命無來錫命錫命非正也賞人於朝與士共之當召而錫也周禮大宗伯職曰王命諸侯則儐之是來受命○朝直遥反儐必刃反**生服之死行之禮也生不服死追錫之不正甚矣**（䟽）不正甚矣○釋

曰文公踰年而賜成公八年乃賜桓公死後追賜三者異時嫌不得相蒙故並皆發傳此追命失禮最大故以甚言之

○王姬歸于齊爲之中者歸之也【疏】爲之中者歸之也○釋曰十一年王姬歸于齊傳曰過我也此云爲之中者歸之發傳不同者此王姬由魯而嫁故曰爲之中者彼王姬非魯主婚故直云過我也

○齊師遷紀郱鄑郚紀國也郱鄑郚國也此國以三言爲名○郱步丁反鄑子移反郚音吾或曰遷紀于郱鄑郚十年宋人遷宿傳曰遷亡辭也其不地宿不復見矣齊師遷紀四年復書紀侯大去其國者紀侯賢不與齊師之亡紀故變文以見義郱鄑郚之君無紀侯之賢故不復見從常例也若齊師遷紀于郱鄑郚當言于以明之又不應復書地當如宋人遷宿齊人遷陽或曰之說甯所未詳○復扶又反見賢徧反【疏】注不應復書地釋曰此范難或曰之說言宿陽既亡不地則此亦不應復書地何書於郱鄑郚乎

二年春王二月葬陳莊公○夏公子慶父帥

師伐於餘丘慶父名字仲父國而曰伐於餘丘邾之邑也其曰伐何也公子貴矣師重矣而敵人之邑公子病矣病公子所以譏乎公也其一曰君在而重之也邾君在此邑故不繼于邾使若國【疏】注邾君至若國釋曰觀傳上文其曰伐何也公子貴矣云云所以譏乎公也則是解其稱伐之意而范注解一曰之義則似解不繼于邾者一曰君在而重之也亦是解其稱伐之意言邑而稱伐者爲君在重之使君國然故邑亦稱伐是上下不相違也○秋七月齊王姬卒爲之主者卒之也主其嫁則有兄弟之恩死則服之服之故書卒禮記曰齊告王姬之喪魯莊公爲之大功○爲之大功于僞反【疏】秋七月云云○釋曰何休云內女卒曰此不日者恩實輕於內女案成八年冬十月癸卯杞叔姬卒書日此不書日是輕於內女也○冬十有二月夫人姜氏會齊侯于禚禚齊地○禚章略反婦

人既嫁不踰竟踰竟非正也婦人不言會言會非正也饗甚矣饗在四年○踰竟音境後踰竟例皆同○乙酉宋公馮卒○馮皮冰反疏乙酉宋公馮卒○釋曰案世本馮是宋莊公穆公之長子宋督既弑與夷則馮是當正故亦書日卒也

三年春王正月溺會齊侯伐衛徐邈曰傳例曰往月危往也齊受天子罪人爲之與師而魯與同其理危也○溺乃狄反疏注傳例至往也釋曰定八年傳文會例時齊魯黨大是罪人故書月以見危也溺者何也公子溺也其不稱公子何也據二年公子慶父帥師伐於餘丘稱公子惡其會仇讎而伐同姓故貶而名之也○惡烏路反○夏四月葬宋莊公月葬故也○五月葬桓王傳曰改葬也若實改葬當言改以

明之。郊牛之口傷改卜牛是也〔疏〕傳曰改葬也。釋曰傳
傳當以七年乃葬故謂之改葬云改葬而范遂之者以
經不言改故知非改葬也傳言改者以見喪踰七年已行古
禮今始反服喪服故謂之改葬又感精符云恒星不見夜中
星隕如雨而王不懼使榮叔改葬桓王冢奢麗大甚如讖之
言則改葬桓王在恒星不見之後故范謂此時非改葬也

改葬之禮緦舉下緬也緦者五服最下言舉下緬上從緦皆反其故服因葬桓王

記改葬之禮不謂改葬桓王當服緦也猶晦震夷伯之廟因
明天子諸侯之制不謂夷伯非魯之大夫也甯之先君與蔡
司徒論之詳矣江熙曰葬稱公舉五等之上改葬禮緦舉五
服之下以喪緬藐遠也天子諸侯易服而葬以爲交於神明
者不可以純凶況其緬者乎是故改葬之禮其服唯
輕言緬釋所以緦也。緦息詞反緬亡善反遠也〔疏〕注緦
者至緦也釋曰五服者案喪服有斬衰齊衰大功小功緦麻
是也改葬之禮各從本服但緦麻者是五服之下故傳云改
葬之禮緦者舉下以緬上也不謂改葬桓王之時唯服緦耳
蔡司徒者謂蔡謨也江熙以爲改葬之禮其服唯輕故云天
子諸侯易服而葬以證唯緦耳知天子諸侯易服而葬者檀
弓云弁絰葛而葬與神交之道也鄭玄云接神之道不可以

絻因天子諸侯變服而葬冠素弁以葛爲環絰旣虞卒哭或乃服受服也變服者謂未葬以前服麻葬則易之以葛也曰卻尸以求諸侯停尸七年以求諸侯會葬非人情也○卻尸去畧反又去逆反杜預云尸未葬之通稱天子志崩不志葬必其時也何必焉舉天下而葬一人其義不疑也志葬故也危不得葬也曰近不失崩不志崩失天下也京師去魯不遠赴告之命可不踰句而至史不志崩則亂可知【疏】注京師至可知釋曰王城去魯纔餘千里赴喪者旬日而至史不記崩亂可知也獨陰不生獨陽不生獨天不生三合然後生徐邈曰古人稱萬物負陰而抱陽沖氣以爲和然則傳所謂天蓋名其沖和之功而神理所由也會二氣之和極發揮之美者不可以柔剛滯其用不得以陰陽分其名故歸於冥極而謂之天凡生類稟靈知於天資形於二氣故又曰獨天不生必三合而形神生理具矣○揮許歸反冥亡丁反稟使錦反知於音智故

曰母之子也可天之子也可尊者取尊稱焉

卑者取卑稱焉王者尊故稱天子衆人卑故稱母子○母之子也可絶句下倣此尊稱尺證反下卑稱同

（疏）傳獨陰不生至稱焉○釋曰凡物之生皆資二氣之和稟上天之靈知不可以柔剛滯其用不得以陰陽分其名故云三合然後生也雖資三合然終推功冥極故云天之子也託之人事故又曰父之子母之子也天則感生者衆言天足以兼父不得云父子而曰天子衆人或知母而不知父故云母子亦不云父子也衆人亦稟天氣而生不云天子者天子取尊稱故稱天子衆人取卑稱故稱母子也傳因論天子崩葬故明其別稱也然則陰能成物陽能生物天能養物而摠云生者凡萬物初生必須三氣合四時和然後得生不是獨陽能生也但既生之後始分繫三氣耳注云不可以剛柔滯其用不得以陰陽分其名者易繫辭云一陰一陽謂之道王弼云一陰一陽者或謂之陰或謂之陽不可定名也夫爲陰則不能爲陽爲柔則不能爲剛唯不陰不陽然後爲陰陽之宗不柔不剛然後爲剛柔之主故無方無體非陽非陰始得謂之道始得謂之神是也柔剛者即陰陽之別名也故繫辭又云動靜有常剛柔斷矣注云陽動陰靜剛

柔之斷也是剛則陽柔則陰也其曰王者民之所歸往也○秋紀季以鄭入于齊季紀侯弟○以鄭下圭反鄭紀之邑也入于齊者以鄭事齊也入者內弗受也雍曰紀國微弱齊將吞并紀季深覩存亡之機大懼社稷之傾故超然遐舉以鄭事齊庶胥嗣不泯宗廟永存春秋賢之故褒之以字齊受人之邑而滅人之國故於義不可受也○并必性反泯彌忍反【疏】入者內弗受也○釋曰重發之者此齊不可受嫌違例故重發之○冬公次于郎次止也有畏也欲救紀而不能也畏齊

四年春王二月夫人姜氏饗齊侯于祝丘饗食也兩君相見之禮凡會書月著時事有危雖於公發例亦無所不關祝丘魯地○饗本又作享香丈反著張略反又張慮反【疏】饗食至魯地○釋曰饗食也者烹大牢以飲賓故云兩君相見之禮夫人與齊侯非禮饗食故云著時事

有危此與二年禚之會書月以著危而五年夏夫人姜氏如齊師不書月者何休云再出書月重之三出不月者省文從可知也事或然矣饗甚矣以非禮尤甚故謹而月之饗齊侯所以病齊侯也○三月紀伯姬卒隱二年履緰所逆者內女卒例日伯姬失國略之故月也○緰音須【疏】注隱二至月也○釋曰僖九年秋七月乙酉伯姬卒是例日也此不日明為失國略之也外夫人不卒此其言卒何也吾女也適諸侯則尊同以吾為之變卒之也禮諸侯絕傍碁姑姊妹女子子嫁於國君者尊與己同則為之服大功九月變不服之例然則適大夫者不書卒○為于偽反碁居其反【疏】注禮諸至書卒○釋曰莒慶高固並逆叔姬經無卒文是適大夫不書卒也○夏齊侯陳侯鄭伯遇于垂傳例曰不期而會曰遇遇者志相得也○紀侯大去其國大去者不遺一人之辭也言民之從者四年而

後畢也紀侯賢而齊侯滅之不言滅而曰大去其國者不使小人加乎君子不曰滅而曰大去其國蓋抑無道之強以優有道之弱若進止在已非齊所得滅也何休曰春秋楚世子商臣弒其君其後滅江六不言大去又大去者於齊滅之不明但知不使小人加乎君子而不言滅縱失襄公之惡反爲大去也鄭君釋之曰商臣弒其父大惡也不得但爲小人江六之君又無紀侯得民之賢不得變滅言大去也元年冬齊師遷紀三年紀季以酅入于齊今紀侯大去其國是足起齊滅之矣即以變滅言大去爲縱失襄公之惡是乃經也非傳也且春秋因事見義舍此以滅人爲罪者自多矣○縱子用反見賢徧反舍音捨【疏】注舍此至多矣○釋曰此是鄭難何休云縱失襄公之惡也言春秋有因事見義者不得不舍此以滅人爲罪也若僖五年晉人執虞公十九年梁亡之類是也○六月乙丑齊侯葬紀伯姬外夫人不書葬此其書葬何也吾女也失國故隱而葬之隱痛也不曰卒而曰葬閔紀之亡也

疏 注曰葬至亡也○釋曰知非爲危者紀國已滅而齊葬八月癸亥葬紀叔姬傳曰日葬閔紀之亡也又三十年亦是閔之也不於卒閔之者葬者送終大事故也 ○秋七月○冬公及齊人狩于郜 郜齊地○狩音獸郜古報反左氏作禚 齊人者齊侯也其曰人何也卑公之敵所以卑公也 内無貶公之道 何爲卑公也不復讎而怨不釋刺釋怨也○怨紆元反又紆願反後同刺七賜反

五年春王正月○夏夫人姜氏如齊師師而曰如衆也 言師衆大如國故可以言如若言如齊侯則不可 疏 傳師而曰如衆也○釋曰解經二年夫人姜氏會齊侯于禚四年夫人姜氏饗齊侯于祝丘不言如此言如齊師者言齊師衆大如國故可言如若指齊侯則於文不可言如齊侯也 婦人既嫁不踰竟踰竟非禮也

【疏】傳不踰竟○釋曰復發傳者嫌師與國異也

○秋郳黎來來朝黎來名也○郳五兮反國名黎郎兮反黎來郳君名朝直遥反郳國也黎來微國之君未爵命者也○冬公會齊人宋人陳人蔡人伐衛納惠公朔是齊侯宋公也其曰人何也人諸侯所以人公也其人公何也逆天王之命也王不欲立朔也

【疏】傳是齊侯宋公○釋曰四國皆從既而獨言齊宋者齊爲兵主宋是大國則陳蔡亦從也

六年春王三月王人子突救衛徐邈曰諸侯不奉王命朔遂得奠王威屈辱有危故月也救衛於義善故重子突功不立故著其危

【疏】注有危故月○釋曰日月之例見危者唯施於内今施之於外者范荅薄氏云王者安危天下所繫故亦與内同也

王人卑者也稱名何休以爲稱子則非名也鄭君釋之曰王人賤者錄則名可今以其銜命救衛故貴之貴之則子突貴之也

爲字可知明矣此名當爲字該爾徐乾曰王人者卑者之稱也當直稱王人而已今以其能奉天子之命救衛而拒諸侯故加名以貴之僖八年公會王人齊侯是卑者之常稱○卑者之稱尺證反下常稱同

疏 稱也○釋曰鄭荅何休云傳文稱名貴之者名當爲字則鄭玄以子突非名徐乾云故加名以貴之則子突非字二者不同者鄭意若以子突爲名則書名者乃士之常稱傳何以云貴之故知子突是字徐乾意稱人則王之卑者不合書名僖八年公會王人于洮是也今稱名即是貴之故二說不同 注鄭君至或以爲突是名子是貴理亦通但注意似不然

善救衛也

疏 傳善救衛也○釋曰許王者有伐無救而云善者朔叛逆王命天子廢之立其嗣子而遣師往救有存諸侯之功故曰善不可以大平之法格之

救者善則伐者不正矣○夏六月衛侯朔入于衛其不言伐衛納朔何也據九年伐齊納糾言納不逆天王之命也不與諸侯得納王之所絕入者內弗受也何用弗受也爲以王命絕之也朔之

名惡也朔入逆則出順矣朔出入名以王命絶之也【疏】傳朔入逆云云○釋曰朔出奔之時傳曰朔之名惡也此云順者謂比之入國爲順彼辟天子之召仍是惡也故稱名耳一解此當文自相比朔入爲逆則出當爲順矣○秋公至自伐衛惡事不致此其致何也據襄九年時有穆姜之喪會諸侯伐鄭不致不致則無用見公之惡事之成也○見賢偏反○螟○螟亡丁反○冬齊人來歸衛寶以齊首之分惡於齊也使之如下齊而來我然惡戰則殺矣若衛自歸寶於齊過齊然後與我齊首其事則我與王人戰罪差滅○分惡烏各反下同殺色界反舊色例反過古禾反差初賣反

七年春夫人姜氏會齊侯于防防魯地婦人不

會會非正也○夏四月辛卯昔恒星不見恒星者經星也經常也謂常列宿○昔如字或作昔同不見賢徧反下不音者同列宿夙又反下皆同

疏注謂常列宿○釋曰周之四月夏之二月常列宿者謂南方七宿也

日入至於星出謂之昔不見者可以見也夜中星隕如雨如而也星既隕而復雨○隕云敏反復扶又反其隕也如雨是夜中與星既隕而雨必晦暝安知夜中乎○與音餘暝亡定反

疏傳其隕云云○釋曰其隕如雨是夜中與謂星隕而天必晦暝何知是夜中乎春秋之意著以傳著疑以傳疑皆以實錄故知夜中

春秋著以傳著疑以傳疑明實錄也○傳直專反中之幾也而曰夜中著焉爾幾微也星既隕而雨中微難知而曰夜中自以實著爾非億度而知○度徒各反

疏中之幾也至著焉爾○釋曰謂雨晦暝幾微也中微難知而曰夜中者是事之著見焉爾非億度而知也

何用

見其中也〔疏〕何用見其中也○釋曰謂經以何事知其夜中者以失星變之始而録其已隕之時揆度漏刻則正當夜中矣失變而録其時則夜中矣失星變之始而録其已隕之時檢録漏刻以知夜中其不曰恒星之隕何也〔疏〕其不至何也○釋曰解經上文云恒星不見下文其不曰恒星之隕者又自解之我知恒星之不見而不知其隕者是何星故不得言之也又解不言雨星而言隕星意言我見從上而隕又下接於地則可以雨說之也今唯見其下不見其上故曰隕星又總說隕之與雨二者之别著於上見於上。謂之雨著其直見於下不見於上謂之隕豈雨說哉言不見在上故不可以雨說之徐邈云著於上謂雲著上我知恒星之不見而不知其隕也我見其隕而接於地者則是雨說也言我見從上來接於下然後可言雨星今唯見在下故曰隕星○我見見音如字注同雨于付反注同著於上見於下謂之雨著於下不見於上謂之隕豈雨說哉解經不得言雨星而言隕星也鄭君曰衆星列宿諸侯之象不見者是諸侯棄天子禮義法度也劉向曰隕者象諸侯隕墜失其所也又中夜而隕者象不終其性命中道而落○見于下如字或賢徧反不見賢徧反隊直類反

秋大水高下有水災曰大水〔疏〕傳高下云云○釋曰復發傳者嫌大水無麥苗異於常故重發之　○無麥苗麥苗同時也麥與黍稷之苗同時死

○冬夫人姜氏會齊侯于穀穀齊地婦人不會會非正也〔疏〕傳會非正也○釋曰再發傳者防是魯地穀是齊邑故重發之

八年春王正月師次于郎以俟陳人蔡人時陳蔡欲伐魯故出師以待之次止也俟待也甲午治兵出曰治兵習戰也入曰振旅習戰也振整也旅衆也〔疏〕傳習戰也○釋曰此治兵振旅皆云習戰者周禮仲秋教治兵仲春教振旅出入幼賤雖殊同是教戰之法故此傳二者皆以習戰言之

公羊以治兵爲祠兵亦云其禮一也周禮仲秋教治兵此非秋亦云治兵者周禮四時講武故各立別名此據出師之事故雖春亦得以治兵爲名**治兵而陳蔡不至矣兵事以嚴終**以嚴整終事故敵人不至**故曰善陳者不戰此之謂也善爲國者不師**導之以德齊之以禮江熙曰鄰國望我歡若親戚何師之爲○陳直覲反下文皆同道徒報反下同**善師者不陳**師衆素嚴不須耀軍列陳江熙曰上兵伐謀何乃至陳**善陳者不戰**軍陳嚴整敵望而畏之莫敢戰**善戰者不死**投兵勝地故無死者江熙曰辟實攻虛則不死**善死者不亡**民盡其命無奔背散亡者也江熙曰見危授命義存君親雖沒猶存○盡津忍反背音佩

【疏】傳善爲至不亡○釋曰善爲國者不師謂有明王時導之以德齊之以禮不起軍師而四海賓服則黃帝堯舜時是也善師者不陳若齊桓公伐楚不設行陳而服罪也善陳者不戰即此魯能嚴整終事而陳蔡不至也善戰者不死若文王伐崇因壘而崇自服也善死者不亡若柏舉之戰昭王雖入楚父老致死還復楚國也此引文爲

證頗允傳文一准此解則與注少僻但舊有此說故今亦存之其注虛觀文則曉故不復煩釋○夏師及齊師圍郕郕降于齊師其曰降于齊師何不使齊師加威於郕也郕同姓之國而與齊伐之是用師之過也故使若齊無武功而郕自降○降戶江反皆同○秋師還還者事未畢也遯也郕已降而以未畢爲文者蓋辟滅同姓之國示不卒其事○還音旋遯徒困反○冬十有一月癸未齊無知弒其君諸兒大夫弒其君以國氏者嫌也弒而代之也○兒如字音五兮反

九年春齊人殺無知無知之挈失嫌也〔疏〕傳無知之挈失嫌也○釋曰重發之者月與不月地與不地之異故重發之稱人以殺大夫殺有罪也○挈苦結反○公及齊大夫盟于暨暨魯地○

暨其器反，左氏作蔇。**公不及大夫**春秋之義，内大夫可以會諸侯，公不可以盟外大夫，所以明尊卑、定内外也。今齊國無君，要當有任其盟者，故不得不以權通。**大夫不名，無君也。**禮，君前臣名。齊無君，故大夫不名。**盟納子糾也。不日，其盟渝也。**變盟立小白。○渝，羊朱反。**當齊無君，制在公矣。當可納而不納，故惡内也。**○惡，烏路反，下及注惡内皆同。**〇夏，公伐齊納糾。**不言子糾而直云糾者，盟繫在於魯，故挈之也。春秋於内公子爲大夫者乃記其奔。子糾不爲大夫，故不書其奔。鄭忽既受命嗣位，是以書其出。然則重非嫡嗣，宮非大夫，皆事例所畧，故許叔、蔡季、小白、重耳通亦不書出。○糾，居黝反，左氏作子糾。嫡，丁歷反。重，直龍反。

【疏】注"不言"至"書出"。○釋曰：下文"取子糾殺之"稱子，此直云糾，故解其意，欲明繫在魯，故挈之。又解子糾不書出奔之意，言内公子爲大夫者，乃記其奔，若閔二年"公子慶父出奔莒"是也。子糾不書出，是不爲大夫也。

當可納而不納，齊變而後伐，故乾時之戰不諱敗，

惡内也　何休曰三年溺會齊師伐衛故貶而名之四年公及齊人狩于郜故卑之曰人今親納讎子反惡其晚恩義相違莫此之甚鄭君釋之曰於讎不復則怨不釋而魯釋怨屢會仇讎一貶其臣一卑其君亦足以責魯臣子其餘則同不復譏也至於伐齊納糾譏當可納而不納爾此自正義不相反也甯謂讎者無時而可與通縱納之遲晚又不能全保讎子何足以惡内乎然則乾時之戰不諱敗齊人取子糾殺之皆不迗其文正書其事内之大惡不待貶絶居然顯矣二十四年公如齊親迎亦其類也惡内之言傳或失之○敗惡烏路反注同復扶又反迗音于一音紆又於武反迎魚敬反

【疏】注内之至亦其類也○釋曰范既不從傳文以爲大惡又莊公親逆未是大罪而云亦其類者以公忘父之仇而援舉兵動衆既不能强爲齊所敗是大惡也魯與齊爲讎而公娶其女雖得親迎之常甚失結婚之義故云亦其類也

○齊小白入于齊大夫出奔反以好曰歸　成十四年衞孫林父自晉歸于衞是也　以惡曰入齊公孫無知弒襄公公子糾公子小白不能存出亡　子糾奔魯小白奔莒　齊

人殺無知而迎公子糾於魯公子小白不讓公子糾先入又殺之于魯故曰齊小白入于齊惡之也○惡烏路反○秋七月丁酉葬齊襄公諸公子爭立國亂故危之○八月庚申及齊師戰于乾時我師敗績不言及者主名內之卑者乾時齊地〔疏〕注內之卑者○釋曰桓十七年及齊師戰于郎注云公親帥之諱故不言公此亦云及知非公者彼傳云不言敗爲內諱也以其諱故知公也今經書敗傳又不釋之故知是內之卑者○九月齊人取子糾殺之言子糾者明其貴宜爲君〔疏〕注明其貴○釋曰公羊云其稱子糾何貴也其貴奈何宜爲君也是其貴故以子某稱之如子般子野之類也外不言取〔疏〕外不言取○釋曰取是內取故外不得言取今云取者惡內也一解外不言取者謂楚人殺徵舒慶封並不言取此雖是何休之義亦得通一家故并錄之言取病內也取易辭

也猶曰取其子糾而殺之云爾猶言自齊之子糾今取而殺之言魯不能救護也○易以豉反十室之邑可以逃難百室之邑可以隱死以千乘之魯而不能存子糾以公爲病矣○難乃旦反下注同乘繩證反○冬浚洙浚洙者深洙也著力不足也畏齊難○浚音峻深也洙音殊杜預云水名

十年春王正月公敗齊師于長勺長勺魯地○勺時酌反不日疑戰也疑戰者言不剋日而戰以詐相襲疑戰而曰敗勝內也勝內謂勝在內○二月公侵宋【疏】二月公侵宋○釋曰舊說以爲公與宿盟宋方病宿故公侵之若此則是公之無惡傳何惡公也公與宿盟經無其事爲宿侵宋傳無其文是舊說妄也隱元年盟於宿范以爲地是公不與宿盟也但不知何爲侵耳侵時此其月何也乃深其

怨於齊又退侵宋以衆其敵惡之故謹而月之。惡烏路反 ○三月，宋人遷宿。遷，亡辭也。爲人所遷，則無復國家，故曰亡辭。閔二年齊人遷陽亦是也。○復扶富反，下文及注同。

疏 傳「遷亡辭也」。○釋曰：春秋言遷有二種之例：一表亡辭者，此文是也；二見存亡國者，邢遷于夷儀是也。不於元年遷紀發傳者，彼以紀侯賢，經變文以示義，非正，故不發之。遷陽不發，從此省文也。遷文三起例者，此是亡辭之始，邢是復國之初，許獨自不月，故三發之也。范略例云：凡遷有十，亡遷有三者，齊人遷陽、宋人遷宿、齊師遷紀是也。好遷有七者，邢遷夷儀、衛遷帝丘、蔡遷州來、許遷于葉、許遷于夷、許遷白羽、許遷容城是也。餘遷皆月，許四遷不月者，以其小，略之，如邑也。遷紀不月者，文承月下，蒙之可知也。

其不地，宿不復見也。國亡，不復見經。不言滅者，言滅則弒其君，滅其宗廟社稷，就而有之。不遷其民。○見賢偏反 遷者，猶未失其國家以往者也。謂自遷者，僖元年邢遷于夷儀，成十五年許遷于葉之類是也。彼二傳曰：遷者，猶得其國家以往者也。此傳云：遷者，猶未失其國家以往五文也○葉舒涉反○夏六月齊師宋師次于郎次止也畏我也○公敗宋師于乘丘乘丘魯地○乘繩證反不日疑戰也疑戰而曰敗勝內也○秋九月荆敗蔡師于莘莘蔡地○莘所巾反以蔡侯獻武歸荆者楚也何爲謂之荆狄之也何爲狄之聖人立必後至天子弱必先叛故曰荆狄之也蔡侯何以名也據僖十五年秦獲晉侯不名○獻武本亦依左氏作舞絶之也何爲絶之獲也中國不言敗據宣十二年晉荀林父帥師及楚子戰于邲晉師敗績不言敗晉師○邲皮必反又扶必反一音弼敗績如字此其言敗何也中國不言敗蔡侯其見獲乎其言敗何也釋蔡侯之獲也

以歸猶愈乎執也爲中國諱見執故言以歸○爲于僞反○冬十月齊師滅譚譚子奔莒桓十一年鄭忽出奔衛傳曰其名失國也十六年衛侯朔出奔齊傳曰朔之名惡也然則出奔書名有二義譚子國滅不名蓋無罪也凡書奔者責不死社稷不言出者國滅無所出也他皆放此〔疏〕注有二義○釋曰禮言失地名故鄭忽失國而名也傳曰朔之名惡也是衛侯爲惡而名故云有二義滅國無文故注又云譚子無名蓋無罪也雖無罪不名以其不能死社稷書奔是譏也

十有一年春王正月○夏五月戊寅公敗宋師于鄑鄑魯地○敗必邁反下及注同鄑子移反内事不言戰舉其大者其日成敗之也結日列陳不以詐相襲得敗師之道故曰成也○列陳直覲反宋萬之獲也〔疏〕傳宋萬之獲也○釋曰傳言獲宋萬而經不書者此時尚卑故不書反國爲卿始弑君是故書之雖書以新升爲卿未賜族故經不言氏傳以爲宋之卑者是也○秋宋大水

外災不書此何以書王者之後也高下有水災曰大水【疏】傳高下云云○釋曰重發傳者嫌外災與內異也○冬王姬歸于齊其志過我也○過古禾反

十有二年春王三月紀叔姬歸于酅酅紀邑也紀季所用入于齊者紀國既滅故歸酅國而曰歸此邑也其曰歸何也吾女也失國喜得其所故言歸焉爾江熙曰四年齊滅紀不言滅而言大去者義有所見爾則國滅也叔姬來歸不書非歸寧且非大歸也叔姬守節積有年矣紀季雖以酅人于齊不敢懷貳然襄公豺狼未可闇信桓公既立德行方宜於天下是以叔姬歸于酅魯喜其女得申其志○見賢徧反豺仕皆反行下孟反○夏四月○秋八月甲午宋萬弒其君捷捷宋閔公宋萬宋之卑者也【疏】傳宋之卑者○釋曰傳言宋之卑者

解不稱氏之意與宋督同別於無知祝吁也

甲者以國氏及其大夫仇牧以尊及甲也仇牧閑也仇牧扞衛其君故見殺也桓二年傳曰臣既死君不忍稱其名今仇牧書名則知宋君先弒○仇牧音目扞曷旦反（疏）傳仇牧閑也○釋曰復發傳者孔父先君死發傳以明閑此則後君死故又發傳荀息雖同復死之例但仇牧是甲者所殺荀息爲尊卿殺之故又發傳也

○冬十月宋萬出奔陳宋久不討賊致令得奔故謹而月之○令力呈反（疏）注宋久至月之○釋曰無知八年冬弒君九年春始被殺而經不書月此宋萬八月弒君十月出奔而云久不討賊故謹而月之者以祝吁書月傳云謹之則此書月亦是謹之可知也然則無知既經三月齊人殺得之故直書時此宋人不能即討令得奔故謹而月之

十有三年春齊人宋人陳人蔡人邾人會于北杏北杏齊地（疏）會于北杏○釋曰鄭釋廢疾數九會則以柯之明年爲始范今數衣裳則通言北杏

之會三○說不同者鄭以孔子云九合諸侯北杏之會經無諸侯之文故不數之范以傳文直云衣裳之會不論諸侯多少北杏傳云齊侯宋公也故并以北杏數之范亦以傳云衣裳之會十有一兵車之會四故與鄭不同**是齊侯宋公也其曰人何也始疑之何疑焉桓非受命之伯也將以事授之者也**言諸侯將權時推齊侯使行伯事**曰可矣乎未乎**○邵曰疑齊桓雖非受命之伯侯推之便可以為伯乎未也**舉人衆之辭也**稱人言非王命衆授之以事〔疏〕舉人衆之辭也○釋曰經不書某侯某侯云某人某人者是衆授之辭也經以衆授為文明非王命是未得王命未可以為伯覆上未乎之意也○**夏六月齊人滅遂遂國也其不日微國也○秋七月○冬公會齊侯盟于柯**柯齊地○柯古河反**曹劌之盟也信齊侯也**曹劌之盟經傳無文蓋有信者也公羊傳曰要盟可犯而桓公不欺曹子可讎而桓公不怨桓公之信著於天

下自柯之盟始○劌居衞反要盟於遥反（疏）注曹劌云云○釋曰傳云曹劌之盟也而注云經傳無文者謂曹劌與齊侯盟爲信之事穀梁經傳不說也注又云蓋有信者也故即引公羊桓公爲信之事以結之一解云經傳無文者不如公羊具說劌盟之狀也與前解少異耳大旨亦同要盟可犯而桓公不欺曹子手劒劫齊侯共盟使歸汶陽之田而齊侯終亦還之是也曹子可讎而桓公不怨謂以臣劫君是可讎也桓公終不罪曹子是不怨也

桓盟雖內與不日信也公盟例日外諸侯盟例不日桓大信遠著故雖公與盟猶不日○與音預注同

十有四年春齊人陳人曹人伐宋（疏）傳齊人至伐宋○釋曰蓋同左氏背北杏會故也

○**夏單伯會伐宋會事之成也**伐事已成單伯乃至○單音善（疏）傳會事之成也○釋曰此解經言會伐宋之意以諸侯伐事已成而單伯始至故云會伐宋

○**秋七月荆入蔡荆者楚也其曰荆何也州舉之也**（疏）傳州舉之也○釋曰糜信云楚子貪淫爲息嬀滅蔡故州舉之是取左傳

之說非也十年傳云聖人立必後至天子弱必先叛故曰荊狄之也則此亦與彼同耳州不如國言荊不如言楚國不如名言楚不如言介葛盧○介音界名不如字言介葛盧不如言邾儀父○冬單伯會齊侯宋公衛侯鄭伯于鄄鄄衛地○鄄音絹復同會也諸侯欲推桓以爲伯故復同會于此以謀之○復扶又反

十有五年春齊侯宋公陳侯衛侯鄭伯會于鄄復同會也爲欲推桓爲伯故復會於此○復扶又反爲欲于僞反〈疏〉傳復同會也釋曰重發傳者諸侯至此方信齊桓故更發之也○夏夫人姜氏如齊婦人既嫁不踰竟踰竟非禮也〈疏〉傳踰竟非禮也○釋曰重發之者此非滛恐異故發傳同之○秋宋人齊人邾人伐郳宋主兵故序齊上也班序上下以國大小爲次夷狄在下征伐則以主兵爲先春秋之常也他皆放此○鄭人侵宋

○冬十月

十有六年春王正月○夏宋人齊人衛人伐鄭○秋荆伐鄭○冬十有二月會齊侯宋公陳侯衛侯鄭伯許男曹伯滑伯滕子同盟于幽幽宋地○滑于八反同者有同也同尊周也【疏】傳同者至周也釋曰公羊傳云同盟者何同欲也左傳云同盟于幽鄭成也此云同盟者同尊周也見三傳意各異也所謂同尊周也者諸侯推桓爲伯使翼戴天子即是尊周之事不言公外內寮一疑之也十三年春會于北杏諸侯俱疑齊桓非受命之伯欲共以事推之可乎今于此年諸侯同共推桓而魯與齊雖外內同一疑公可事齊不會不書公以著疑焉同官爲寮謂諸侯也至二十七年同盟于幽遂伯齊侯○寮一力彫反【疏】傳不言至之也○釋曰舊解謂會于北杏不言諸侯是外疑也今此會不言公是內疑之也自此以後外內不復疑之故

曰一疑也直據傳文事欲似然推尋范注必不得爾何者注云外內同一疑公可事齊不會不書公以著疑焉何指北杏與此爲一疑也故今更別說言此會公實與之而經不言公者外內寮一疑之寮謂諸侯也言外內諸侯同一疑公不知可事齊乎不可事齊乎故去公以著疑也云外內者諸侯之國或遠或近故以外內摠之也若然十三年公會齊侯盟于柯所以云公者彼柯盟曹劌要齊歸魯汶陽之田非事齊之事縱與之盟不足爲恥也此幽盟欲推齊爲伯與共尊事之魯既與齊爲讎又內外一疑故經不言公以示意也○邾子克卒其曰子進之也附齊而尊周室王命進其爵

十有七年春齊人執鄭詹人者衆辭也以人執與之辭也與令得執○詹者廉反令力呈反鄭詹鄭之卑者

【疏】傳齊人至卑者○釋曰稱人者衆所欲之辭故云與之謂與齊得執也知鄭詹是鄭之卑者大夫卑者以國氏今經直云鄭詹故知卑者也然則卑者可知而重發傳者嫌有罪去氏也知非有罪去氏者外大夫身有罪例不去氏即

祭仲之類是也宛所以去氏者爲貶鄭伯也卑者不志此其志何也以其逃來志之也逃來則何志焉將有其末不得不錄其本也末謂逃來鄭詹鄭之佞人也○佞乃定反○夏齊人殲于遂殲者盡也然則何爲不言遂人盡齊人也無遂之辭也無遂則何爲言遂其猶存遂也以其能殺齊戍故若遂之存○殲子廉反盡也遂人盡齊人絕句存遂奈何曰齊人滅遂使人戍之遂之因氏飲戍者酒而殺之齊人殲焉此謂狎敵也狎猶輕也○飲於鴆反狎戶甲反○秋鄭詹自齊逃來逃義曰逃齊稱人以執是執有罪也執得其罪故曰義也今而逃之是逃義也○冬多麋京房易傳曰麋廢正作淫爲

火不明則國多麋○麋亡悲反【疏】注京房云云○釋曰火不明者謂五行與五事五常相配則視與禮同配南方言火不明猶言視與禮不明也

十有八年春王三月日有食之不言日不言朔夜食也何以知其夜食也曰王者朝日王制曰天子玄冕而朝日於東門之外故日始出而有虧傷之處是以知其夜食也何休曰春秋不言月食日者以其無形故闕疑其夜食何緣書乎鄭君釋之曰一日一夜合爲一日今朔日日始出其食虧傷之處未復故知此自以夜食夜食則亦屬前月之晦故穀梁子不以爲疑○朝直遥反處昌慮反【疏】注王制至夜食○釋曰此是禮記玉藻文而云王制者謂王者之法制非謂王制之篇也此魯事而輒言天子朝日者言王者朝日所以顯諸侯朝朔也天子朝日於東門之外服玄冕其諸侯則玉藻云皮弁以聽朔於大廟與天子禮異其禮雖異皆早早行事而昨夜有虧傷之處尚有故知夜食也徐邈云夜食則星無光張靖策廢疾云立八尺之木不見其影並與范意異也**故雖爲天**

子必有尊也貴爲諸侯必有長也故天子朝日諸侯朝朔。○長，丁丈反。○夏，公追戎于濟西。其不言戎之伐我，何也？以公之追之，不使戎邇於我也。邇猶近也。不使戎得逼近於我，故君。入竟，望風退走。○儕，子禮反。濟，水名。邇，如字，邇，近也，一本作介，音界，亦近也。竟音境。于濟西者，大之也。何大焉？爲公之追之也。言戎遠來至濟西，必大有徒衆，以公自追之，知其審然。○爲，于僞反。○秋，有蜮。蜮，短狐也，蓋含沙射人。京房易傳曰：忠臣進善，君不識，厥咎國生蜮。○蜮本亦作蜮，音或，短狐，本草謂之射工。射，人食亦反，下文同。

【疏】傳「秋有蜮」。○釋曰：洪範五行傳云：蜮如鼈，三足，生於南越。南越婦人多淫，故其地多蜮也。陸機毛詩義疏云：蜮，短狐，一名射影，在江淮水中，人在岸上，影見水中，投人影則殺之，故曰射影，或謂含沙射人，入人皮肌，其瘡如疥。范引京房易傳，則與五行傳說異；又云「蓋含沙射人」，則與陸機說或同也。

一有一亡曰有。蜮射人

者也○亡音無又如字【疏】傳一有一亡曰有○釋曰舊解一有南越所生是也一亡魯國無是也今以爲一有一亡曰有有者謂或有有時或有無時言不常也故書曰有若蜮蟲之類是常有之物不言有也上十七年云多麋者魯之常獸是歲偏多故書多也蜮蟲不言多者蜮蟲是微細之物不可以數言之故不言多也又每年常有不得言有也所以異於蜚蠡與麋也○冬十月

監本附音春秋穀梁注疏莊公卷第五

長塘鮑氏知不足齋藏本

大清嘉慶二十年重刊
宋本用文選樓藏本校定

新建縣知縣鄭祖琛
浮梁縣知縣劉　丙
全栞

穀梁傳注疏卷五挍勘記

阮元撰盧宣旬摘錄

莊公

元年

傳始人之也 閩監毛本以此下疏文移屬下注以人道錄之下傳誤作注○案此傳在下疏當下屬此本誤也

則子不忍即位也 閩本同監毛本下衍註字

夫人孫于齊 石經閩監毛本同釋文孫本亦作遜○案段玉裁云古經典無遜字亦作遜者非是

傳人之至受命 此疏閩監毛本在注義得貶夫人下傳作註誤

據僖二十九年 閩本同監本二字模糊毛本二作三案當作三十

六命賜官 閩監毛本賜作受○按周禮作賜

能征不顯者賜弓矢　閩監毛本同何校本顯作順○按今白虎通作義

舊說解九錫之名　閩監本同毛本名作命

此王姬由魯而嫁也　閩監本同毛本由作繇案毛避所諱

二年

爲之主者卒之也　石經同閩監毛本脫主字

三年

溺會齊侯伐衛　閩監毛本同石經侯作師按隱二年疏引正作師

齊魯黨大是罪人　閩監毛本是作惡何校本大是作天是云是疑子

郊牛之口傷　閩監毛本同何校本依通典上增猶字

謂蔡謀也　閩監毛本同何校本謀改謨○按蔡謨字道明謚文穆晉書有傳

鄭云云　閩監毛本上云作元

傳獨陰不生至稱焉　閩本同監毛本脱傳字

不是獨陽能生也　閩監毛本能作得

柔剛者　閩監毛本作剛柔者

四年

烹大牢以飲賓　閩監毛本同何校本烹作亨

六年

春王三月　石經同隱二年疏引亦作三月閩監毛本誤二月

王者安危天下所繫故亦與內同也　閩監毛本安危天下作天下安危無也字

七年

辛卯昔恒星不見 閩監毛本此下衍夜中星隕如雨六字釋文昔本或作㫏○按古多假昔爲夕段玉裁說見公羊按勘記

著於上見於上 閩監毛本次上字作下

著其直見於下 閩監毛本無其直見三字

則是雨說也 閩監毛本同釋文出是雨云于付反注同則亦與今本同石經雨作兩

豈雨說哉 閩監毛本同石經雨作兩

又中夜而隕者 閩監毛本中夜作夜中

十有二年

宋萬弒其君捷 按公羊傳捷作接古音妾聲捷聲同部徐彥疏引長義云穀梁亦作接

荀息雖同復死之例 閩監毛本同何校本復作後是也

十有三年

三誤不同者 閩監毛本同何校本三作二是也

侯推之 閩監毛本上有諸字

而齊侯終亦還之 閩監毛本無終字

十有四年

冬單伯會齊侯宋公衞侯鄭伯于鄄 石經同閩監毛本脫宋公衞侯四字

諸侯欲推桓以爲伯 閩監毛本脫桓字

十有六年

同盟者加同欲也 按公羊傳加作何

使冀載天子 閩監毛本載作戴是

十有八年

其食鬫傷之處　閩監毛本食下衍有字

而昨夜有鬫傷之處尚有　閩本同監毛本下有字作存

故君入竟　閩本同監毛本君作若

陸機　閩監本同是也毛本機作璣誤

穀梁注疏卷五挍勘記終

寧都李楨挍

監本春秋穀梁注疏莊公卷第六 十九年至三十二年盡閔二年

范甯集解　楊士勛疏

十有九年○傳本或分此以下為莊公與閔公同卷春王正月○夏四月○秋公子結媵陳人之婦于鄄遂及齊侯宋公盟媵淺事也不志此其志何也辟要盟也魯實使公子結要二國之盟欲自託於大國未審得盟與不故以媵婦為名得盟則盟不則止此行有辭也○媵以證反又繩證反爾雅云送也要於遥反注同【疏】傳辟要盟也○釋曰文十六年季孫行父會齊侯于陽穀齊侯弗及盟此若齊宋不許亦當云弗及盟而云辟要盟也者彼以行父失辭又無媵事故云弗及盟此有媵事若齊宋不許則直書媵事而已故云辟要盟也何以見其辟要盟也媵禮之輕者也盟國之重也以輕事遂乎國重無說

以輕遂重無他異說故如辟要盟耳○見賢徧反其曰陳人之婦略之也但爲遂事假録媵事耳故略言陳人之婦不處其主名○爲于僞反【疏】注但爲至主名○釋曰假録媵事者媵是小事不合書經今既書之故云假非謂無媵事也不處其主名者謂不言陳侯夫人而云陳人之婦是不處其主名也其不日數渝惡之也○數音朔惡烏路反【疏】傳數渝惡之也○釋曰數疾也謂秋共盟冬而見伐變盟之疾故不書日以惡之也或以爲數渝爲今冬伐我西鄙明年齊又伐我故云數理亦通也○夫人姜氏如莒婦人既嫁不踰竟踰竟非正也【疏】傳不踰竟○釋曰重發傳者嫌此適異國恐别故發傳以同之○冬齊人宋人陳人伐我西鄙其曰鄙遠之也其遠之何也不以難邇我國也○難乃旦反邇如字本又作介音界

二十年春王二月夫人姜氏如莒夫人比年如莒過而不改

無禮尤甚故謹而月之○莒音舉　婦人既嫁不踰竟踰竟非正也

○竟音境【疏】傳不踰竟○釋曰重發傳者比再如莒失禮之甚故詳之　○夏齊大災其志以甚也

外災不志甚謂災及人也外災例時【疏】傳其志以甚也○釋曰范例云災有十二內則書日外則書時國曰災邑曰火內則書日新宮御廩之類是也其外則時者則宋大水齊大災之等是也昭十八年不書時以四國同日故也其外災志者皆發傳故十一年宋大水傳曰王者之後也襄九年宋災嫌火與水異傳曰故宋也宣十六年成周宣榭災傳曰以樂器所藏目之也此書齊大災傳曰其志以甚也昭十八年宋衛陳鄭災傳曰其志以同日也其九年陳火傳曰閔陳而存之也是也　○秋七月○冬齊人伐我

二十有一年春王正月○夏五月辛酉鄭伯突卒○秋七月戊戌夫人姜氏薨婦人弗目也

鄭嗣曰弗目謂不日言其地也婦人無外事居有常所故薨不書地僖元年傳曰夫人薨不地此言弗目蓋互

辭爾定九年得寶玉大弓傳曰弗目羞也蓋此類也江熙曰文姜有弒公之逆而弗目其罪○弗目謂不題目文姜薨所也一曰弗 疏 傳婦人弗目也○釋曰隱二年夫人子氏薨目其罪 疏 著不地之例此復發傳者嫌有罪去地故發之也不曰夫人而言婦人者以文姜失夫人之道故經書薨傳以婦人言之或是經無變文蓋傳通言之無異意也○注弗目其罪○釋曰江熙云不目其罪者謂稱夫人薨與常例不異是也 ○冬十有二月葬鄭厲公

二十有二年春王正月肆大眚肆失也眚災也 易稱赦過宥罪書稱眚災肆赦經稱肆大眚皆放赦罪人蕩滌衆故有時而用之非經國之常制○肆音四眚所景反宥音又滌音狄 疏 注易稱云云○釋曰肆失也眚災也言肆大眚者謂放失大罪惡災猶罪惡也言放失大罪惡明小惡亦赦之也易稱赦過宥罪者解卦辭也象曰雷雨作解君子以赦過宥罪解卦坎下震上震爲雷坎爲雨雷動雨下而萬物解散故君子以此卦象而放赦罪人書稱眚災肆赦舜典文孔安國云眚過災害肆緩也過而有害

當緩赦之此傳云肆失也則亦緩之類以經稱肆大眚故以眚爲災也尚書眚災連文故孔氏以眚爲過其大意亦不異也○注蕩滌衆故○釋曰傳爲嫌天子之葬也者二事相須注以肆大眚不可特爲夫人故云蕩滌衆故傳意原魯所以肆大眚者爲嫌天子之葬也故注與傳兩言之**災紀也失故也**災謂罪惡紀治理也有罪當治理之今失之者以文姜之故**爲嫌天子之葬也**文姜罪應誅絕誅絕之罪不葬若不赦除衆惡而書葬者嫌天子許之明須赦而後得葬○爲于僞反**○癸丑葬我小君文姜小君非君也**不治其民**其曰君何也以其爲公配可以言小君也○陳人殺其公子禦寇**禦寇宣公之子○禦魚呂反又作御**言公子而不言大夫公子未命爲大夫也其曰公子何也公子之重視大夫**視此**命以執公子**大夫既命得執公子之禮一本大夫命以視公子**○夏五月**五

月首時，甯所未詳。（疏）傳夏五月○釋曰：何休云譏莊公娶讎女，不可以事先祖，猶五月不宜以首時。杜預云莊公獨稱夏五月者，疑謬誤也。范以二者皆無憑，故云甯所未詳也。

○**秋七月丙申，及齊高傒盟于防。不言公，高傒伉也。**書日則公盟也。高傒驕伉，與公敵體，恥之，故不書公。○傒音奚。伉，苦浪反。（疏）注書日至書公○釋曰：微者盟例不日，及宋人盟于宿是也。此旣書日，明公在可知。知非卿者，若卿則與高傒敵，何以直言及？故知非卿也。公及莒人盟于包來言公者，彼稱人是卑國之辭，故可以言公。此若云公及高傒，則高傒得敵公，故不言公也。公會楚公子嬰齊不沒公者，彼以前驕伉後服罪，故不去公，以見別意也。

○**冬，公如齊納幣。納幣，大夫之事也。禮有納采，**采擇女之德性也。其禮用鴈爲贄者，取順陰陽往來。○贄音至。**有問名，**問女名而卜之，知吉凶也。其禮如納采。**有納徵，**徵，成也。納幣以成婚。（疏）傳有納徵○釋曰：此傳釋諸侯不云納幣而云納徵者，以士婚禮有納徵之文，欲明用幣雖異而禮同也。**有告期，**告迎期。○迎，魚敬反。**四者備**

疏傳四者備○釋曰士婚禮下達之後有納采問名納吉納徵請期親迎六禮此傳不云納吉者直舉四者足以譏公故畧納吉不言之或以爲諸侯與士禮異者非也

而後娶禮也公之親納幣非禮也疏傳納幣非禮也○釋曰納幣非禮是譏喪娶而注云傳無譏文者傳上云公之親納幣非禮不云喪娶之事故云無譏文也然宣元年貶夫人去氏此則全無譏者彼以夫人不能以禮自固故與有貶仍未是貶公之事故彼注云不譏喪娶者不待貶絕而罪惡自見是也

故譏之公母喪未再朞而圖婚傳無譏文但譏親納幣者喪婚不待貶絕而罪惡見○見賢徧反

二十有三年春公至自齊疏傳公至自齊○釋曰二十七年傳云桓會不致此此與下文觀社皆書公至自齊者公羊傳云桓會不致此何以致危之也徐邈亦云不以禮行故致以見危范此雖無注下云公怠棄國政比行犯禮憂危甚矣則亦以二者爲憂危致之也若然定八年傳稱致月危致也下傳云致月有懼焉爾此若致以見危所以不月者以二者皆非禮而行不假書月危懼可知傳以危而不月嫌與例乖故發傳詳

之或以爲二者皆非禮之行與好會異故致之非是見危理亦通也 ○**祭叔來聘**祭叔天子寰內諸侯叔名 ○ 祭側界反寰音縣又音環

【疏】傳祭叔來聘 ○ 釋曰范云祭叔天子寰內諸侯叔名則范意將此祭叔與隱元年祭伯同是畿內諸侯而此云來聘彼傳責其不稱朝者祭伯者祭國伯爵也寰內諸侯時不爲王之卿大夫欲外交鄰好而來通魯以其無王命故不得言聘不仕王朝故得責其不稱朝也今祭叔見是天子大夫而恣意任情欲外接諸侯雖請王命非王本心故不稱使見其擅命言聘表其請王猶左氏公子翬强請故得書經而去其族也案隱元年注云祭伯畿內大夫有采地者既有采地則似祭伯亦仕王朝者以祭伯本爲入仕王朝故畿內授地今雖不仕亦得以大夫言之或以爲祭叔亦無王命以是天子大夫假王命而來魯受其聘故得書聘以本非王命故不稱使也祭伯雖是天子卿大夫欲同諸侯之例而來朝魯以不奉王命故不得稱聘寰內諸侯不合外交故亦不得云朝是亦得通一家也徐邈云祭叔爲祭公使則徐意以祭叔爲祭之夫夫也范以叔爲名似同徐說但舊解不然故今亦同之

其不言使何也天子之內臣也不正其外交故不

與使也何休曰南季宰渠伯糾家父宰周公來聘皆稱使獨于此奪之何也鄭君釋之曰諸稱使者是奉王命其人無自來之意今祭叔不一心於王而欲外交不得王命來故去使以見之○去起呂反見賢偏反○夏公如齊觀社常事曰視視朔是也非常曰觀疏傳非常曰觀○釋曰復發傳者嫌觀魚觀社異故發之也春秋之例常事不書視朔既書而范云常事謂視朔者視朔之禮實是常事但公廢之即爲非常故書之觀無事之辭也言無朝會之事○朝直遥反下同以是爲尸女也尸主也主爲女往爾以觀社爲辭○主爲于僞反無事不出竟公至自齊公如陳公行例往時正也正謂無危懼也皆放此致月故也如往月致月有懼焉爾○荆人來聘善累而後進之其曰人何也舉道不待再明聘問之禮朝宗之道非夷狄之所能故一舉而進之疏傳善累云云○釋曰不言楚人而云荆人者傳稱州不若

國楚既新進若稱國繫人嫌其大褒故直舉州稱人言聘以進之○公及齊侯遇于穀

及者內爲志焉爾【疏】傳內爲志焉爾○釋曰重發傳者公爲淫如齊嫌異於常故重發之遇者志相得也○蕭叔朝公【疏】傳蕭叔朝公○釋曰書名者附庸常例儀父稱字傳言貴之此傳直云微國不言貴之則叔名也重發傳者嫌名字異故也微國之君未爵命者其不言來於外也言於穀朝公也朝於廟正也於外非正也○秋丹桓宮楹楹柱禮天子諸侯黝堊黝堊黑色○黝於糾反又於柳反注同堊烏路反又烏各反范云黝堊黑色案黝黑也【疏】注黝堊黑色○釋曰徐邈云黝黑柱也堊白壁堊白土也謂白壁而黑柱今范同以黝堊爲黑色者以此傳爲丹楹而發何得有壁事而在其間故同爲黑色也大夫倉士黈黈黃色○黈他苟反黃色也麋氏云張斗反丹楹非禮也○冬十有一月曹伯射

姑卒。射音亦。本或作亦。十有二月甲寅，公會齊侯盟于扈。桓盟不日，此盟日者，前公如齊觀社，傳曰「觀，無事之辭，以是爲尸女也」。公怠棄國政，此行犯禮，憂危甚矣。霸主降心，親與之盟，實有弘濟之功，而臣得免於罪，臣子所慶，莫重於此，時事所重，文亦宜詳，故特謹日以著之。○扈音戶。

【疏】注「桓盟」至「著之」。○釋曰：公羊傳云「桓盟不日，此何以日？危之也」。今范知喜得霸主與盟，故詳而日之者，傳雖有桓盟不日信之文，亦有不日數渝惡之事，又葵丘以極美齊桓而書日，故知此間書日，喜霸者與盟也。此時齊桓威德既盛，與公結盟，實有弘濟之功，何得爲有危事？故范以臣子所慶，文亦宜詳也。

二十有四年春王三月，刻桓宮桷。禮，天子之桷，斲之礱之，加密石焉；以細石磨之。○刻音克。桷音角，榱也，方曰桷，圓曰椽。斲，丁角反，削也。礱，力公反，磨之。諸侯之桷，斲之礱之；大夫斲之；士斲本。刻桷，非正也。夫人，所以崇宗廟也。取非禮與非正而加之於宗廟以飾夫人非正也非禮謂娶讎女非正謂刻桷丹楹也本非宗廟之宜故曰加言將親迎欲爲夫人飾又非正也○迎魚敬反下皆同【疏】注又非正也○釋曰娶讎女刻桷兩事俱非故曰又也或以爲又者并謂崇飾夫人理亦通也所以不直言非禮云又非正者見莊有二種之惡故非禮非正兩舉之也刻桓宮桷丹桓宮楹斥言桓宮以惡莊也不言新宮而謂之桓宮以桓見殺於齊而飾其宗廟以榮讎國之女惡莊不子○惡烏路反下同【疏】注不言新宮○釋曰新宮桓公之宮以是禰宮不忍斥之故謂之新宮今惡莊公不子故斥言桓宮以見非正也

○葬曹莊公○夏公如齊逆女

親迎恆事也不志【疏】傳親迎至不志○釋曰文四年傳云其不言公何也非成禮於齊也似不成禮於齊即合志而此云常事不志者彼亦是非禮而書就書之中更自別見言逆婦既書於經所以不云公者爲成禮於齊故變文與莊公異也

此其志何也不正其親迎於

齊也○秋公至自齊迎者行見諸舍見諸諸之也言瞻望夫人乘車○乘繩證反○先至非正也○八月丁丑夫人姜氏入哀姜入者內弗受也【疏】傳入者內弗受也　釋曰重發傳者嫌夫人與他例異故也日入惡入者也何用不受也以宗廟弗受也其以宗廟弗受何也娶仇人子弟以薦舍於前其義不可受也薦進舍置○惡入烏路反一音如字戊寅大夫宗婦覿用幣宗婦同宗大夫之婦○覿用徒歷反見也【疏】傳覿用幣　釋曰舊解不言見而言覿覿者私事大夫公然行之故言覿以明其私也見者正也故會于沙隨云不見公傳曰可以見公而不見譏在諸侯也是覿與見別也今以爲不然者三傳之文並不云覿見事別何得言私爲覿正爲見乎恐別有案據遂存之以示疑耳覿見也禮大夫不見夫人【疏】傳大夫不見夫

人○釋曰旣云不見夫人又說男子之贄者更釋用幣非禮之意也言男子之贄羔鴈之等婦人之贄棗栗之類欲見俱不得用幣不言及不正其行婦道故列數之也男子之贄羔鴈雉腒贄所以至者也上大夫用羔取其從羣帥而不黨也下大夫用鴈取其知時飛翔有行列也士冬用雉夏用腒取其耿介交有時別有倫也腒腊也雉必用死爲其不可生服也夏用腒備腐臭也○數色主反腒其居反腊也乾雉也士夏執之備腐臭也說文云北方謂鳥腊曰腒傳曰堯腊舜始腒別彼列反爲其于僞反腐符甫反婦人之贄棗栗鍛脩棗取其早自矜莊栗取其敬栗鍛脩取斷自脩整○鍛丁亂反脯也鍛而加薑桂曰脩脩飾本或作敕同恥力反一本作飾中職反或作整音征領反用幣非禮也用者不宜用者也大夫國體也國體謂爲君股肱○股音古肱古弘反而行婦道惡之故謹而日之也○惡烏路反○大水○冬戎侵曹曹羈出奔陳〔疏〕

傳曹羈出奔陳○釋曰公羊以爲曹羈是曹大夫三諫不從而去之也杜預注左傳以爲羈是曹之世子此處雖無傳案下二十六年傳意則與公羊同也○**赤歸于曹郭公**【疏】傳赤歸于曹郭公○釋曰薄氏駁云赤赤若是諸侯不能治國舍而歸曹應謂之奔何以詭例言歸乎徐乾又云不言郭公疑是魯之微者若是微者則例所不書何得以微者爲譬二事俱滯而范從之者凡諸侯出奔其國者或爲人所滅或受制强臣迫逐苟免然後書出今郭公在國不被迫逐往曹事等如歸故以易辭言之不得云出奔也凡内大夫未得命者例但書名若使赤直名而無所繫則文同俠等故又云郭公也徐乾之說理通故范引而從之**赤蓋郭公也何爲名也禮諸侯無外歸之義外歸非正也**徐乾曰郭公郭國之君也名赤蓋不能治其國舍而歸于曹君爲社稷之主承宗廟之重不能安之而外歸他國故但書名以罪而懲之不直言赤復云郭公者恐不知赤者是誰將若魯之微者故也以郭公著上者則是諸侯失國之例是無以見微之義○羈居宜反郭公左氏如字公羊音虢舍音捨懲直升反復扶又反著張慮反又張畧反見賢徧反○

二十有五年春陳侯使女叔來聘女氏叔字○女音汝其不名何也據成三年晉侯使荀庚來聘稱名○天子之命大夫也

疏傳天子之命大夫也○釋曰言命大夫即是單伯之等故知叔是字祭仲傳無文釋故知仲是名也

○夏五月癸丑衛侯朔卒惠公也犯逆失德故不書葬○六月辛未朔日有食之言日言朔食正朔也鼓用牲于社鼓禮也用牲非禮也天子救日置五麾陳五兵五鼓麾旌幡也五兵矛戟鉞楯弓矢○麾毀爲反幡芳元反矛亡侯反鉞音越楯時準反又音允○諸侯置三麾陳三鼓三兵大夫擊門士擊柝言充其陽也凡有聲皆陽事以壓陰氣柝兩木相擊充實也○柝吐洛反壓於甲反又於涉反○

疏傳鼓用至陽也○釋曰案范三十年注云救日用牲既失之矣非正陽之月而又伐鼓亦非禮今伐

鼓於建巳之月故曰禮也用牲非常故云非禮也五麾者麋信云各以方色之旗置之五處也五兵者徐邈云矛在東戟在南鉞在西楯在北弓矢在中央麋信與范數五兵與之同是相傳說也五鼓者麋信徐邈並云東方青鼓南方赤鼓西方白鼓北方黑鼓中央黃鼓案五兵兵有五種未審五鼓是一鼓有五色爲當五種之鼓也何者周禮有六鼓雷鼓靈鼓路鼓鼖鼓鼛鼓晉鼓之等若以爲五種之鼓則不知六鼓之內竟去何鼓若以爲一種之鼓則不知六鼓之內竟取何鼓又周禮云雷鼓鼓神祀則似救日之鼓用雷鼓但此用之於社周禮又云靈鼓鼓社稷祭則又似救日食之鼓用靈鼓進退有疑不敢足正故直述之而已檢麋徐兩家之說則以五鼓者非六鼓之類別用方色鼓而已諸侯三者則云降殺以兩去黑黃二色是非六鼓之類也下云大夫擊門士擊柝則此陳五鼓亦擊之也但擊之時陳列於社之塋域因五兵五麾是陳故亦以陳言之非謂直陳而不擊也○伯姬歸于杞其不言逆何也逆之道微(疏)傳逆之道微○釋曰重發傳者紀伯姬釋不稱使之微此解不言逆之微故別發傳無足道焉爾○秋大水鼓用牲于社于

門門國門也高下有水災曰大水既戒鼓而駭衆用牲可以已矣救日以鼓兵救水以鼓衆【疏】傳高下云云○釋曰重發之者此有用牲之失嫌異常水故更發之既戒鼓駭衆者謂既警戒擊鼓而駭動衆人則用牲可以已矣知不合用牲者用者不宜用故知不合也又云救日以鼓兵者謂伐鼓以責陰陳兵示禦侮救水以鼓衆者謂擊鼓聚衆也皆所以發陽也○○冬公子友如陳

二十有六年春公伐戎○夏公至自伐戎○

曹殺其大夫言大夫而不稱名姓無命大夫也無命大夫而曰大夫賢也爲曹羈崇也徐邈曰于時微國衰陵不能及禮其大夫降班失位下同於士故畧稱人而傳謂之無命大夫也莒慶莒挐邾庶其邾快皆特以事書非實能貴故略名而已楚雖荊蠻漸自通于諸夏故莊二十三年書荊人來聘文九年又褒而書名國轉强大書

之益詳然當僖公文公之世楚猶未能自同于列國故得臣及椒並署名惟屈完來會諸侯以殊禮成之楚莊王之興爲江漢盟主與諸夏之君權行抗禮其勢彊于當年而事交於内外故春秋書之遂從中國之例夫政俗隆替存乎其人三后之姓日失其序而諸國乘間與之代興因詳畧之文則可以見時事之實矣秦爵伯也上據西周班列中夏故得稱師有大夫其大夫當名氏而文十二年秦術略名蓋于時晉主魯盟而秦方敵晉則魯之于秦情好疏矣禮以飾情情疏則禮略春秋所以略文乎又吴札不書氏以成尊于上也宋之盟叔孫豹不書氏以著其能恭此皆因事而爲義○爲曹于僞反挐女居反又女加反怏苦丸反諸夏戸雅反下同屈君勿反情好呼報反

【疏】傳爲曹羈崇也　釋曰薄氏駁曰曹羈出奔經無歸處曹自殺大夫何以知是羈也又云術之名爲晉貶秦然楚亦敵晉何以不略而貶之又此注雖多未足通崇之義徒引證據何益於此哉范荅之曰羈曹之賢大夫也曹伯不用其言乃使出奔他國終於受戮故君子愍之書殺其大夫即是崇賢抑不肖之義也案大夫出奔或書出不書入秦后子是也或書入不書出蔡季是也史有闕漏○非是一般何得以無歸之文則怪其非羈也秦以交疏之故而略其臣楚與諸夏會同所以不畧也是范氏論崇曹羈之

事也曹羈三諫不從者是公羊之說也○注徐邈至爲義○釋曰莒慶莒挐邾庶其邾快皆特以事書者謂莒慶來逆女莒挐爲魯所獲庶其邾快來奔於魯故書以著罪是皆以事書之非能貴也秦稱師者僖二十八年城濮之戰是也亦既稱師明當有大夫而秦術無氏故知春秋所略也又云吳札不書氏以成尊於上者襄二十九年傳文謂進吳稱子許夷狄者不壹而足不可復進其臣不書季札之氏所以成尊於上也叔孫豹不書氏以著其恭者襄二十七年傳文彼傳以溴梁之會諸侯在而不曰諸侯大夫大夫不臣也意趙武恥之豹云者恭也是其恭故不書氏以見意也○秋

公會宋人齊人伐徐○冬十有二月癸亥朔日有食之

二十有七年春公會杞伯姬于洮伯姬莊公女洮魯地○洮他刀反本或作桃○夏六月公會齊侯宋公陳侯鄭伯同盟于幽同者有同也同尊周也【疏】傳同者云云○

釋曰：同尊周也。復發傳者，前同盟于幽，諸侯尚有疑者，今外内同心，推桓爲伯，得專征伐之任，成九合之功，故傳詳其事也。○**於是而後授之諸侯也。其授之諸侯何也？齊侯得衆也。桓會不致，安之也。桓盟不日，信之也。信其信，仁其仁。**

〔疏〕傳信其信仁其仁○釋曰：謂諸侯信齊桓之信，仁齊桓之仁。下文未嘗有歃血之盟，是其信也；未嘗有大戰，是其仁也。衣裳之會十有一者，謂從北杏至葵丘也。論語稱九合諸侯者，貫與陽穀二會，管仲不欲，故去之，自外唯九合也。兵車之會四者，洮、鹹、牡丘、淮也。不數侵蔡伐楚者，以二者征伐非會故也。鄭玄釋廢疾云：自柯之明年葵丘以前，去貫與陽穀，固已九合矣。則鄭意不數北杏，自外與范注同也。不數北杏所以得九合諸侯者，先師所說不同。或云去貫與陽穀，與猶數也，言數陽穀，故得爲九也。或云葵丘會盟異時，故分爲二。或取公子結與齊桓宋公盟爲九，故先師劉兆難之云：貫與陽穀並非管仲之功，何得去貫而數陽穀也？若以葵丘之盟盟會異時而數爲二，則首戴之會亦可爲二也。離會不數鄄盟，去公子結則唯有齊宋二國之會，安得數之？二三之說並無憑據故劉氏數洮會爲九以數洮會爲九兵車之會又少其一故劉以傳誤解之當云兵車之會三衣裳洮會下亦無云兵車之會則傳文不應兩處皆誤是亦可疑也○衣裳之會十有一未嘗有歃血之盟也信厚也十三年會北杏十四年會鄄十五年又會鄄十六年會幽二十七年又會幽僖元年會檉二年會貫三年會陽穀五年會首戴七年會寧毋九年會葵丘○歃所洽反于村他貞反又勑丁反本亦作檉寧如字又音甯毋音無又茂后反○兵車之會四未嘗有大戰也愛民也僖八年會洮十三年會鹹十五年會牡丘十六年會淮於末年乃言之不道侵蔡伐楚者方書其盛不道兵車也此則以兵車會而不用征伐○鹹音咸牡茂后反○秋公子友如陳葬原仲原仲陳大夫原氏仲字○言葬不言卒不葬者也外大夫例不書卒○疏注外大夫云云○釋曰葬亦不書此云例不書卒者以內大夫書卒尚不書葬況外大夫卒亦不書明不合書葬故云外大夫例不書卒欲見必不得書葬之意也不葬而曰葬諱出

奔也 言季友辟內難而出以奔 疏 傳諱出奔也○釋曰原仲爲辭○難乃旦反○ 范知辟內難而出者公羊傳以夫人哀姜淫於二叔此上傳亦云子般卒而公子慶父出奔則慶父之釁季子素知季子出則殊其文入則貴之稱季子明其無罪故知辟難也 ○冬杞伯姬來 歸寧 ○莒慶來逆叔姬 慶名也莒大夫也叔姬莊公女禮檀弓記曰陳莊子死赴於魯魯人欲勿哭繆公召縣子而問焉縣子曰古之大夫束脩之問不出竟雖欲哭之安得而哭之今之大夫交政於中國雖欲勿哭安得而勿哭則大夫越竟逆女非禮也董仲舒曰大夫無束脩之餽無諸侯之交越竟逆女紀罪之○繆音穆縣音玄竟音境焉於虔反餽巨愧反越竟本或作疆居良反 諸侯之嫁子於大夫主大夫以與之 君不敵臣 來者接內也不正其接內故不與夫婦之稱也 接內謂與君爲禮也夫婦之稱當言逆女○稱尺證反 ○杞伯來朝 杞稱伯蓋時王所絀○朝直遙反絀本又作黜勑律反 ○公會齊侯于城濮 城濮衛地○濮音卜

二十有八年春王三月甲寅齊人伐衛衛人及齊人戰衛人敗績於伐與戰安戰也問在何處戰。處昌慮反〔疏〕傳於伐云云。釋曰於伐與戰安戰也謂於伐衛之時兩國相與交戰問在何處戰也戰衛謂在衛國之都也知國都者若在他所則應云地今不書地故知衛都耳猶桓十三年戰于龍門爲近不地相似也。戰衛戰則是師也其曰人何也微之也何爲微之也今授之諸侯而後有侵伐之事故微之也其人衛何也以其人齊不可不人衛也齊桓始受方伯之任未能信著鄰國致有侵伐之事衆師稱人以微之也人不可以敵于師師不可以與人戰故亦以衛師爲人衛非有罪。衛小齊大其以衛及之何也以其微之可以言及也其稱人以敗何也〔疏〕傳其稱人以敗何也。釋曰據桓十二年戰稱人敗稱師故發違例之問也○不以師敗於人也人輕而師重○夏四月丁未邾子瑣卒瑣素禾反○秋荊伐鄭荊者楚也其曰荊州舉之也【疏】荊州舉之也釋曰前書荊人來聘聘是善事故進之今伐中國不足可褒故州舉之也○公會齊人宋人救鄭善救鄭也○冬築微微魯邑○微左氏作麋山林藪澤之利所以與民共也虞之非正也虞典禽獸之官言規固而築之又置官司以守之是不與民共何利也築不志凡志皆譏也築例時○藪素后反○【疏】傳虞之非正也○釋曰成十八年築鹿囿此築邑並云虞之非正也者彼直築囿以虞之此築邑置官司以虞之囿邑既殊俱是虞之非正故再起傳例○注虞典至例時○釋曰周禮澤虞虞掌田獵之事左傳皮冠以招虞人是虞人典禽獸之官也知築不志凡志皆譏也者三十一年築臺于秦傳曰君子危之故譏而志之也知志則譏也此年與三十一年春築臺于郎秋築臺于秦皆不

書月是例時○大無麥禾大者有顧之辭也【疏】傳大者有顧之辭也○釋曰經言大無麥禾者謂一災不書待冬無禾然後并録無麥故經稱大而傳云有顧之辭也顧猶待也徐邈云至冬無禾於是顧録無麥其意亦謂待無禾然後顧録無麥故云大是也莊七年秋大水無麥苗此經不言大水者彼傳云麥苗同時也是麥與黍稷之苗同時爲水而死故繫大水言之此至冬始書大無麥禾則禾之死未必由大水故不繫之徐邈云不言水旱者麥禾自死不由水旱是也或以爲言無禾則大水可知故省文若然七年何以不省文而言大水不言饑者舊解以爲下傳云不書如爲内諱則此不言饑是諱也或當雖無麥禾得臧孫之告糴不至饑也○於無禾及無麥也一災不書於冬無禾而後顧録無麥故言大明不收甚○○臧孫辰告糴于齊臧孫辰魯大夫臧文仲○糴音狄○國無三年之畜曰國非其國也一年不升告糴諸侯告請也糴糴也不正故舉臧孫辰以爲私行也爲内諱故

不稱使使若私行○音勑六反下同爲内于僞反下文爲内同國無九年之畜曰不足無六年之畜曰急無三年之畜曰國非其國也諸侯無粟諸侯相歸粟正也臧孫辰告糴于齊告然後與之言内之無外交也古者税什一宣十五年注詳矣○税始鋭反什一十而税一【疏】注宣十五年注詳矣○釋曰彼傳云古者什一注云一夫一婦佃田百畝又受田十畝以爲公田公田在内私田在外此一夫一婦爲耕一百一十畝也八家共一井之田餘二十畝者以爲廬舍是也○豐年補敗敗謂凶年不外求而上下皆足也【疏】傳上下皆足也○釋曰上謂君也下謂民也○雖累凶年民弗病也一年不艾而百姓饑【疏】傳一年不艾○釋曰糜信云艾穫也君子非之不言如爲内諱也○艾牛蓋反

二十。九年春新延廄（疏）傳新延廄。○釋曰：不言作者，僖二十年新作南門，傳曰作爲也，有加其度也，彼謂加其度更增大之，故云作，此直改新故，不言作。○延廄者，法廄也。周禮天子十二閑馬六種，邦國六閑馬四種，每廄一閑，言法廄者，六閑之舊制也。○廄，九又反。六種，之勇反，下皆同。（疏）注周禮至舊制。○釋曰：自每廄一閑以上，周禮校人有其事。馬六種者，彼校人云：辨六馬之屬，種馬一物，戎馬一物，齊馬一物，道馬一物，田馬一物，駑馬一物，是也。鄭云：玉路駕種馬，戎路駕戎馬，金路駕齊馬，象路駕道馬，田路駕田馬，駑馬給官中之役。是天子六種之馬，分爲左右廄，故十二閑也。彼又云：邦國六閑馬四種，家四閑馬二種。鄭玄云：諸侯齊馬、道馬、田馬各一閑，駑馬則分爲三；大夫則田馬一閑，駑馬分爲三。是天子十二閑馬六種，邦國六閑馬四種也。其言新，有故也。言改故而新之。有故則何爲書也？古之君人者，必時視民之所勤。民勤於力，則功築罕；罕，希。○罕，呼旦反。民勤於財，則貢賦少；民勤於食，則百事廢矣。凶荒殺禮。殺，所界反。○冬，築微。春，新延廄，以其用民力爲已悉矣。悉，盡。○夏，鄭人侵許。○秋，有蜚。穀梁說曰：蜚者，南方臭惡之氣所生也，象君臣淫泆，有臭惡之行。○蜚，扶味反。行，下孟反。一有一亡曰有。○亡，如字，又音無。○冬，十有二月，紀叔姬卒。紀國雖滅，叔姬執節守義，故繫之紀，賢而錄之。【疏】注"賢而錄之"。○釋曰：內女嫁於大夫則不書卒，爲媵亦如之。今既書卒，故知賢也。○城諸及防。諸、防皆魯邑。○可城也。【疏】傳"可城也"。○釋曰：左氏之例，城有時與不時。隱七年傳云"凡城之志皆譏也"，此云"可城也"者，傳以得土功之節者則譏之淺，失土功之時者責之深，故傳云"可城也"，不謂此城無譏也。○以大及小也。傳例曰"凡城之志皆譏"，今云可者，謂冬可用城，不妨農役耳，不謂作城無譏。

三十年春，王正月。○夏，師次于成。次，止也。有畏也欲救鄣而不能也不言公恥不能救鄣也（畏齊。鄣音章）○秋七月齊人降鄣降猶下也鄣紀之遺邑也（。降戸江反下遐嫁反）○八月癸亥葬紀叔姬不日卒而日葬閔紀之亡也○九月庚午朔日有食之鼓用牲于社（救日用牲既失之矣非正陽之月而又伐鼓亦非禮）○冬公及齊侯遇于魯濟（濟水名。濟子禮反）及者內爲志焉爾遇者志相得也【疏】（傳及者至得也。釋曰重發傳者齊爲伯者嫌與諸侯異也）○齊人伐山戎齊人者齊侯也其曰人何也愛齊侯乎山戎也（不以齊侯敵乎山戎故稱人）○其愛之何也桓內無因國外無從諸侯而越千里之險

北伐山戎危之也内無因緣山戎左右之國爲内閒者外無諸侯者不煩役寮國○從才用
反内閒閒厠之閒○則非之乎善之也遠伐山戎雖危勤王職貢則善何善
乎爾燕周之分子也燕周大保召康公之後成王所封分子謂周之別子孫也○燕
音烟注及後同分扶問反又如字（疏）注燕周至孫也○釋曰燕是召康公之後
本或作介音界大音泰召上照反成王所封者世家文也分者別
也燕與周同姓故知別子孫也貢職不至山戎爲之
伐矣言由山戎爲害伐擊燕使之隔絕於周室○爲之如字
三十有一年春築臺于郎○夏四月薛伯卒
○築臺于薛薛魯地○六月齊侯來獻戎捷獻下
奉上之辭也春秋尊魯故曰獻○捷在接反戎菽也捷獲也○齊侯來獻捷者内齊
侯也不言使内與同不言使也泰曰齊桓内救中國外攘夷狄親倚

之情不以齊爲異國故不稱使若同一國也○攘如羊反倚於綺反下文及注同○**獻戎捷軍得曰捷戎菽也**菽豆【疏】傳齊侯至菽也○釋曰徐邈云齊還經魯界故使人獻捷不入國都而言來獻敬重霸主親而內之也糜信亦云言內齊侯者解經稱來之意也范雖不注理亦合當然矣僖二十一年楚人使宜申來獻捷彼亦稱來者宜申止來鄉魯接公行禮故得一稱來與齊侯異也又云不言使內與同者謂內齊侯與同一國故不稱使也戎菽也者舊解謂順經意而惜齊侯故傳依違其文釋之爲菽其實宋是中國故捷不繫國戎是夷狄故繫之戎也案管子云出戎菽及冬葱布之天下則以戎爲豆也故徐邈云今之胡豆也舊解以爲依違其文恐失傳旨僖二十一年傳云其不曰宋捷何也不與楚捷于宋也范云據莊三十一年齊侯來獻戎捷據彼傳及注意則似不以戎爲豆今疑不敢正故兩載之此書月彼不書月者徐邈云霸主服遠之功重故詳而月之也一解齊侯此時克山戎并得胡豆來故傳云戎菽謂克戎之菽齊侯此時并得戎菽於文亦僻也○**秋築臺于秦**秦魯地**不正罷民三時虞山林藪澤之利且財盡**

則懟力盡則懟（懟恚恨也○罷音皮下同懟直類反怨也）君子危之故謹而志之也或曰倚諸桓也桓外無諸侯之變内無國事越千里之險北伐山戎爲燕辟地（辟開○爲于僞反辟婢亦反○）魯外無諸侯之變内無國事一年罷民三時虞山林藪澤之利惡内也（譏公依倚齊桓而與桓行異○惡烏路反行下孟反）○冬不雨【疏】傳冬不雨○釋曰徐邈云僖十一年傳曰雩不得雨曰旱然則此云不雨者或當不雩也范意亦未必然或當不言旱不爲災也○

三十有二年春城小穀（小穀魯邑）○夏宋公齊侯遇于梁丘遇者志相得也【疏】傳遇者志相得也○釋曰重立傳者外與伯者遇嫌異故發之梁丘在曹邾之間去齊八百里非不能

從諸侯而往也辭所遇遇所不遇大齊桓也辭所遇謂八百里間諸侯必有願從者而不之遇所不遇謂遠遇宋公也○能從才用反或如字注同○秋七月癸巳公子牙卒牙慶父同母弟何休曰傳例大夫不日卒惡也牙與慶父共淫哀姜謀殺子般而日卒何也鄭君釋之曰牙莊公母弟不言弟其惡已見不待去日矣甯案傳例諸侯之尊弟兄不得以屬通蓋以禮諸侯絕朞而臣諸父昆弟稱昆弟則是申其私親也宣十七年公弟叔肸卒傳曰其曰公弟叔肸賢之也然則不稱弟自其常例耳鄭君之說其所未詳○見賢徧反去起呂反朞音期肸許乙反○疏注甯所未詳○釋曰范既引鄭君之說又云未詳者范以僖十六年傳稱公弟叔仲賢也大夫不言公子公孫疏之也若牙實有罪則應去公子以見疏今書公子故云未詳也或申鄭君義云牙不去公子爲親者諱然則鄭意若以爲諱何得云其惡已見是鄭權荅何休之難不顧上下之理故范云未詳也公子季友卒不稱弟者季子雖賢見已卒故也○○八月癸亥公薨于路寢公薨皆書其所謹凶變○路寢正寢也寢疾

居正寢正也男子不絕于婦人之手以齊終也齊絜○齊側皆反本亦作齋○疏傳以齊終也○釋曰齊者齋絜之名故記稱齋之爲言齊也是齊齋意同故范訓爲絜或古者齊齋同字此傳齊即讀爲齋理亦通也○冬十月乙未子般卒在喪故稱子般其名也莊公大子不書弒諱也○般音班大音泰○疏傳子般卒○釋曰公羊傳云其稱子般卒何也君存稱世子君薨稱子某既葬稱子踰年稱公范意亦與之同但踰年稱公范意亦與之同但踰年雖在國稱公若未葬亦不得稱侯以接鄰國故桓十三年注云今衛宣未葬而嗣子稱侯以出其失禮明矣是其事也子般不書葬者未踰年之君例不書葬故子野不書葬也○子卒日正也襄三十一年秋九月癸巳子野卒是也○不日故也文十八年冬十月子赤卒是也有所見則日閔公不書即位是見繼弒者也故慶父弒子般可以日卒不待不日而顯○見則賢徧反○公子慶父如齊疏傳公子慶父如齊○釋曰牙與慶父同謀殺般所以牙被殺慶父得出奔者左氏公羊皆以爲

牙欲廢般立慶父故季子鴆殺之穀梁不見季子歸魯之文亦無鴆牙之事則叔牙被殺以不不可知也此奔也其曰如何也據閔二年慶父奔莒不言如○諱莫如深深則隱疏傳諱莫如深○釋諱莫如深深謂君弒賊奔隱痛之至也故子般日卒慶父如齊謂爲國隱諱莫如事之最深深者則隱深謂君弒賊奔之深重以其深重則爲之隱諱若經書子般日卒慶父如齊是也苟有所見莫如深者謂經意誠有所見莫如事之深者不書閔公即位是事之深也有所見謂子般之弒慶父之奔也苟有所見莫如深也閔公不書即位見子般之弒慶父出奔○狄伐邢

閔公疏魯世家閔公名開莊公之子惠王十六年即位諡法在國逢難曰閔世本作啓方辟漢景帝諱故爲開也

元年春王正月繼弒君不言即位正也疏傳繼弒至正也○釋曰復發傳者以非父非君嫌異故發之僖公又發之者兄之後弟義異故重發之文公繼正之始故發傳

以明之成公不發傳者嘗之可知故不發也襄昭發傳者昭公即位承子野之卒嫌其非正故發傳以明之昭繼子野傳言繼正嫌襄公與之異故亦發傳父子同有繼正之文所以相發明也或以襄非嫡夫人之子嫌非正故發傳案襄四年夫人姒氏薨彼注云成公夫人襄公母也明非爲母賤而發傳也○親之非父也兄也尊之非君也未踰年也繼之如君父也者受國焉爾

○齊人救邢善救邢也善齊桓得伯之道○夏六月辛酉葬我君莊公莊公葬而後舉諡諡所以成德也

疏 傳諡所以成德○釋曰復發傳者桓公被殺莊公好終僖公葬緩嫌異禮故各發傳以明之○於卒事乎加之矣○秋八月公及齊侯盟于洛姑洛姑齊地○洛姑一本作路姑盟納季子也季子來歸

疏 傳季子來歸○釋曰傳云貴之也者不稱公子者公子是凡常之摠號季子忠賢爲國人所思故稱子所以表其賢也○其

曰季子貴之也大夫稱名氏今曰子是貴之也子男子之美稱○美稱尺證反其曰來歸喜之也大夫出使歸不書執然後致不言歸國內之人不曰來今言來者明本欲遂去同他國之人也言歸者明實魯人也喜之者季子賢大夫以亂故出奔國人思之懼其遂去不反今得其還故皆喜曰季子來歸○使所吏反【疏】注大夫至來歸○釋曰此云大夫出使歸不書而宣十八年歸父還自晉書者彼傳云還者事未畢也是還與歸意異也執然後致不言歸者意如與婼是也國內之人不言來下文齊仲孫言來者以其外之曰齊故得言來也

○冬齊仲孫來其曰齊仲孫外之也魯絕之故繫之于齊○齊仲孫慶父也左氏以爲齊大夫其不目而曰仲孫疏之也不目謂不言公子慶父○其言齊以累桓也繫仲孫於齊言相容赦有罪○累劣僞反【疏】傳其言齊以累桓也○釋曰傳解經言齊仲孫有二種意故上文以外慶父釋之此又以累桓言之慶父魯人而繫之於齊是外之也齊桓容赦有罪故繫慶父於齊是惡之也

二年春王正月齊人遷陽○夏五月乙酉吉

禘于莊公三年喪畢致新死者之主於廟廟之遠主當遷入大祖之廟因是大祭以審昭穆謂之禘莊公喪制未闋時別立廟廟成而吉祭又不於大廟故詳書以示譏○禘徒帝反大祖音泰下大廟同昭上饒反闋苦穴反

【疏】注三年至示譏○釋曰言禘於莊公即是莊公立宮而不稱宮者莊公廟雖立訖而公服未除至此始二十二月未滿三年故不得稱宮也此喪服未終舉吉以非之文二年亦喪服未終而大事于大廟不言吉者其譏已明故不復云吉言大事者秋祫而物成其祀大故傳云大是事也著祫嘗是也凡祭祀之禮書者皆譏故范略例云祭祀例有九皆書月以示譏九者謂桓有二烝一嘗捴三也閔吉禘四也僖禘大廟五也文著祫嘗六也宣公有事七也昭公禘武宮八也定公從祀九也知禘是三年喪畢之祭者此莊公薨來二十二月仍書吉以譏之明三年喪畢方得爲也知必於大廟者明堂位曰季夏六月以禘禮祀周公於大廟是也其禘祀之月王肅杜預之徒皆以二十五月除喪即得行禘祭鄭玄則以二十八月始服吉嘗即祫於大廟明年春始禘於羣廟今范云三年喪畢禘於大廟必不得與鄭明年春禘於羣廟

同其除喪之月或與鄭合故何休注公羊亦以除喪在二十七月之後也方者未至之辭此實二十二月而云方者莊公以三十二年八月薨至此年五月始滿二十一月未盡其月爲禘祭故言方或可譏其大速以甚言之故云方也○吉禘者不吉者也喪事未畢而舉吉祭故非之也莊公薨至此方二十二月喪未畢

○秋八月辛丑公薨不地故也其不書葬不以討母葬子也凡君弒賊討則書葬哀姜實被討而不書葬者不以討母葬子

○九月夫人姜氏孫于邾閔公故出奔○孫音遜本或作遜與音豫孫之爲言猶孫也疏傳孫之爲言猶孫○釋曰重發傳者文姜殺夫哀姜殺子嫌異故重發之諱奔也

○公子慶父出奔莒慶父弒子般閔公不書弒諱之其曰出絶之也慶父不復見矣○復扶又反見賢徧反○疏傳其曰至見矣○釋曰宣十八年歸父奔齊范注云竟外故不言出是竟內言出理

之常也而云絶之也者慶父前奔不言出書曰如齊爲之隱諱是不絶其位之辭今不諱言奔明是絶其位也又云慶父不復見者明弑二君罪重不宜復見故特顯之矣

〇**冬齊高子來盟其曰來喜之也其曰高子貴之也盟立僖公也不言使何也**據桓十四年鄭伯使其弟禦來盟言使〇禦魚呂反下同**不以齊侯使高子也**齊侯不討慶父使魯重罹其禍今若高子自來非齊侯所得使也猶屈完不稱使也江熙曰魯頻弑君僖公非正也桓公遣高傒立僖公以存魯魯人德之不名其使以貴之貴其使則其主重矣〇重直用反屈君勿反傒音奚其使所吏反下同〇

【疏】傳其曰至子也〇釋曰來者自外之常稱而云喜之者時魯二君見弑諸侯無一助之者而高子盟以存之比之餘使情實過倍故傳序經之情明與凡常之來有異也云不以齊侯使高子也者二說不同者前說以齊侯不討慶父使魯重遭其禍不以齊侯使高子故作自來之文所以歸美於高子若楚人使屈完如師能量敵強弱遂與齊盟故不言使所以歸功於屈完也江熙之意以君臣一體好惡同之使貴則主尊故去使文以表高子之貴高

子既貴則桓公之重益彰故不從前説也十有二月狄入衛僖公二年城楚丘以封衛則衛爲狄所滅明矣不言滅而言入者春秋爲賢者諱齊桓公不能攘夷狄救中國故爲之諱○爲賢于僞反下同攘如羊反○鄭棄其師惡其長也兼不反其衆則是棄其師也長謂高克也高克好利不顧其君文公惡而遠之不能使高克將兵禦狄于竟陳其師旅翱翔河上久而不召衆將離散高克進之不以禮文公退之不以道危國亡師之本○惡其烏路反注同長丁丈反兼戸謙反又如字好呼報反遠于萬反將子匠反竟音境翱五羔反【疏】傳惡其至師也○釋曰解經稱棄師之意爲惡高克不顧其君又責鄭人不反其衆故經書鄭棄其師也

監本附音春秋穀梁注疏莊閔公卷第六

新建縣知縣鄭祖琛
浮梁縣知縣劉丙 仝栞

穀梁注疏卷六挍勘記

阮元撰盧宣旬摘錄

十有九年莊公

其遠之何也不以難邇我國也石經同閩監毛本脫之字

二十有一年

○弗目謂不題目文姜薨所也一曰弗目其罪此釋文也閩監毛本誤入注文

二十有二年

肆失也惠棟九經古義云失係古佚字佚與逸同謂逸囚也

二十有三年

比行犯禮閩本同是也監毛本比作此

此行犯禮 閩監毛本同何校本此作比

霸主降心 閩監毛本同何校本霸作伯疏同

二十有四年

故謹而日之也 石經閩本同監毛本日誤月

徐乾曰 閩毛本同監本乾誤訖

不直言赤 段玉裁云不字疑衍

是無以見微之義 段玉裁云微當作懲

二十有五年

言日言朔食正朔也鼓用牲于社 閩監毛本作鼓用牲于社言日言朔食正朔也非

二十有七年

僖元年會檉閩監毛本同釋文出于朾云本亦作檉案今本無于字當是所據本有不同

二十有八年

兩國相與交戰閩本同監毛本作國都相與交戰是也

是不與民共何利也閩本同監毛本何作同是

二十有九年

未必田大水田當作由閩監本田大作由夫毛本作繇夫並非

十行閩監毛本並脫有字石經有有字

騖馬給官中之役嚴杰云依周禮注官當作宮

三十年

周之分子也閩監毛本同釋文分本或作介注同○案姚鼐云其文益本爲周之别子古别字作兆故傳本或作分或作介皆以古字形近而誤范甯時傳本未誤故注云謂周别子孫也唐以後其文舛失故疏解失之

三十有二年

其所未詳 閩監毛本其作某是也詳改許非

但踰年稱公范意上與之同 毛本無此十一字此本誤衍

閔公元年

二年

此莊公薨來二十二月 閩監毛本來作未是

穀梁注疏卷六挍勘記終 寧都李楨挍

傳古樓景印